企业视觉传达的传播效应及对企业文化的构建

QIYE SHIJUE CHUANDA DE
CHUANBO XIAOYING JI
DUI QIYE WENHUA DE GOUJIAN

李 毅◎著

首都经济贸易大学出版社

Capital University of Economics and Business Press

·北京·

图书在版编目(CIP)数据

企业视觉传达的传播效应及对企业文化的构建/李毅著. —北京:首都经济贸易大学出版社,2015.10

ISBN 978 - 7 - 5638 - 2433 - 5

Ⅰ.①企…　Ⅱ.①李…　Ⅲ.①企业形象—研究 ②企业文化—研究

Ⅳ.①F270

中国版本图书馆 CIP 数据核字(2015)第 226708 号

企业视觉传达的传播效应及对企业文化的构建

李毅　著

出版发行	首都经济贸易大学出版社	
地　　址	北京市朝阳区红庙（邮编 100026）	
电　　话	(010)65976483　65065761　65071505(传真)	
网　　址	http://www.sjmcb.com	
E - mail	publish@cueb.edu.cn	
经　　销	全国新华书店	
照　　排	首都经济贸易大学出版社激光照排服务部	
印　　刷	北京京华虎彩印刷有限公司	
开　　本	710 毫米×1000 毫米　1/16	
字　　数	233 千字	
印　　张	13.25	
版　　次	2015 年 10 月第 1 版　2015 年 10 月第 1 次印刷	
书　　号	ISBN 978 - 7 - 5638 - 2433 - 5/F・1366	
定　　价	29.00 元	

前　言

当1723年同仁堂开始供奉御药时,可口可乐还没有问世;当回力鞋在1933年产品出厂时,阿迪达斯还要再等上30年才出现。但两个晚于我们面世的品牌早已世界闻名且在引领着行业发展,品牌价值更是我们的几百倍。其中,管理与营销手段上的优势功不可没,但企业视觉要素与视觉传达所发挥的作用不可否认。由此可见,对企业视觉识别理论以及视觉传达市场功效的深度研究极为必要。这一研究不仅可以深刻揭示企业视觉识别与视觉传达的独特作用,更可通过中外企业在视觉要素应用上的比较,看到我们的不足及蕴含的优势;看到不足与寻觅差距是为找到问题解决之策,而发现优势更可形成动力,向着希望奋起直追。

笔者自20世纪90年代涉足企业视觉识别理论的研究以来,深感这一理论在中国市场经济发展中有着巨大的应用价值。中国是视觉要素的应用大国和古国,在视觉识别及视觉传达上我们曾有过辉煌的业绩,曾诞生过很多具有历史价值的经典之作。但由于受到一些传统的经营理念影响,对视觉识别的市场应用以及视觉传达下的形象与品牌塑造的研究应用非常缺乏。即便是有一些应用也更多局限在产品市场识别与企业视觉形象塑造层面,而对于视觉要素应用下的形象传播以及由视觉传达而形成的企业文化构建问题,触及较少且研究不深。对此现状,笔者在近几年中先后撰写了多篇论文,阐述企业视觉传达的形象传播作用、视觉传达对市场经济的有序推动,以及视觉传达对企业文化的构建等问题。为了加深对此领域的感性认识,几年来笔者先后到鄂尔多斯羊绒集团、大庆油田、万源实业集团、西安曲江文化创意产业园、浙江卫视、上海卫视等机构进行了实地调研,并获得了大量的有价值的一手资料,这些资料为笔者对此领域进行深度的理论研究、完成专项课题研究提供了重要保证。2015 年，在北京市教委及首都经济贸易大学文化与传播学院的大力支持下，在多年研究的基础上，笔者完成了这本专著，将本人的研究成果予以呈现。

本书汇集了视觉与企业视觉要素、企业视觉识别理论、企业视觉识别在我国的应用、视觉识别与企业形象及品牌塑造、企业视觉传达、企业视觉化管理、视觉传达中的企业文化构建七个问题。其中，既有对视觉识别与传达基本理论的阐述，又有对视觉识别与传达在企业形象塑造、管理手段应用及文化体系构建领域的深度分析；既有对企业视觉要素具体功能的解释，又有企业视觉要素在市场扩展与有序化建设上的个人见解。关于视觉传达问题，本书重点分析了企业视觉传达的内涵与基本特征，并详细论证了图形符号、色彩符号、字体符号及吉祥图形等在企业视觉传达上的表现形态及具体应用。

本书的两个亮点是关于企业视觉化管理与视觉传达中的企业文化构建。关于视觉化管理问题，在阐述管理基本形态的基础上，提出了"间接型约束式管理机制"的概念，并就这种管理形态的特点与应用问题，发表了个人的一些具有创新性及实践指导性的观点。书中还就视觉要素与视觉传达对我国市场有序化建设问题进行了深刻分析，对此不仅深化了企业视觉传达的理论体系，而且为我国的市场经济建设提供了一定的理论支持。视觉传达中的企业文化构建问题是本书的重点篇章，笔者在深刻阐述企业文化及由此形成的文化力是我国企业未来发展的重要动力这一观点的基础上，就如何通过视觉要素的应用铸就企业文化、形成有特质的管理文化问题，予以了全面的理论阐述。相信这些内容与其中的观点会有助于我国企业视觉识别理论的发展，当然更希望这些理论与观点能推动我国企业不断壮大并走向世界。

本书采用了理论阐述与案例解析的方法，将理论性、创新性、应用性有机融合，很多观点源自于笔者多年在此领域的深入研究，很多案例来自于亲身参与的实践活动。所以,本书适用于从事企业视觉识别理论的研究者以及广大的企业管理人员阅读。

本书在出版过程中,得到了很多部门及人士的支持,尤其是北京市教委与首都经济贸易大学文化与传播学院以及首都经济贸易大学出版社,在此谨表诚挚谢意。

作 者

2015 年 6 月 于北京

目　　录

第一章

视觉与企业视觉要素

一、视觉的理论内涵

（一）视觉的概念解析

关于什么是视觉，目前很难找到被一致认同且权威的定义，因此我们不妨回到这两个字的基本解释上。

"视"有三种基本解释：一是看的意思，如看望、看待；二指看的状态，主要是指态度，如重视、轻视、藐视等；三则更多带有动词性的考察的含义，如视察、巡视、监视等。"觉"字有两个基本概念：一指"觉察"，更多指由"视"所做出的反应，这种反应多是一种客观的形态，不带有个性化的主观判断因素，如：人长得高或矮；房子建的大或小；"觉"的第二个概念多指觉醒或觉悟，主要指由"视"而做出的深度的并带有一定个性化的主观判断，如："喜欢高、不喜欢大"等。

将"视"和"觉"的基本含义结合而论，视觉主要有两个层面的解释：其一是较为名词化的解释，主要指看到了某种物体或事物，这里既包括主动地看到也包括被动地看到；其二是带有一定动词化的解释，是指看到了某种物体或事物并由此做出了一种反应和判断。注意这里的物体概念更多是指一种静态性的事物，如商场展柜上放着的一双鞋，以及鞋上的特定标志，而事物的概念更多指一种动态的形态，如商场售货员在用什么行为来销售这双鞋，也就是售货的态度与行为表现。

在由"视"而形成的第一反应，即客观反应层面，人们往往遵循的是一种带有一定共识的社会化标准，即高就是高、大就是大；但在由此建立的"觉"的认可层面上，更多是由人们的个性化因素所决定。所以，视觉更为深刻的解释是，"看到的特定物体或事物，并由此而形成的带有个性化及主观因素的鉴别与判断"。

在理解视觉基本概念时还要特别注意，视觉又分为可视视觉与非可视视觉。可视视觉又称直接视觉或直观视觉，通常指我们直接看到的视觉内容。但在日常生活和市场消费中，我们对人、物及商品等所做出的判断,以及由此而形成的消费行为并非都来自直观视觉,一些非直观视觉的形式,如听、嗅或所谓的感觉,在一定程度上对我们的行为都产生着影响,这种视觉形态通常称之为非可视视觉或非直观视觉,从视觉理论上讲,它们都属于广义视觉的概念。广义视觉概念包括的内容非常多,且很多内容有很大的不确定性,所以,我们在此研究的视觉概念主要是针对可视视觉,即直观视觉的内容。

(二)视觉形成的必备条件

1. 视觉的形成必须有针对性,即必须是针对一个独立存在的物体或特定的行为

在此,"视"是前提,是先觉条件,而"视"能够产生的基础与条件是客观事物的存在。而"觉"是对所看到的客观事物做出的反映和带有个性化的主观判断,所以如果没有针对性的物体或行为,视觉概念是不存在的。

2. 视觉形成的过程是一个观察、判断、鉴别相互叠加的过程

视觉既能产生对事物的观察,又能同时做出对事物的某种鉴别和判断,所以,视觉是我们发现、认识及改变世界的先决条件,而在商品经济中,视觉更是我们开发商品、拓展市场、加快交流、增加效益的必要保证。

3. 视觉是使思维由抽象到具体、由模糊到清晰的过程

人们正是通过视觉体系的建立,使思维中很多概念化、抽象化、模糊化的认识达到具体化和明确化;并由此形成一种直观、明确、具体、有形的认识,以至在脑海中建立起某种固定化的模式和概念体系,这正是视觉所固有的超大的认知与识别功能。

二、视觉要素

(一)视觉要素的含义

前面已经提到,视觉建立的前提必须要有针对性的物体,必须是针对一定的事物做出反应和判断,那么这个针对性的物体或特定行为就叫视

觉对象,视觉理论称之为视觉要素。

　　但必须明确,我们在日常生活中看到的多数视觉要素,通常被称为广义视觉要素,它与我们要真正定义与研究的视觉要素有着本质区别,所以从视觉理论角度讲,这种广义视觉要素不应称之为视觉要素。我们不妨看一个实例:图1-1中的两组相互对应的动物图片,上面的就属于广义视觉要素,下面的可称之为特定视觉要素。通过二组图形对比可清晰看到,尽管是同一种动物,但我们所要定义的特定视觉要素无论是概念内涵、内容涵盖、指向性,还是视觉语言表达以及视觉冲击效果,都较广义视觉要素有着根本不同,我们又把这种视觉要素称为特定视觉要素或企业视觉要素,它才是我们要从理论上进行深入研究的。

图1-1

　　由此,我们所说的视觉要素:具备较高视觉内涵,涵盖一定视觉概念,具有充实的视觉内容,蕴涵较为丰富的概念空间,富有较高创意设计技法。视觉要素有明确的针对性和指向性;有较为丰富的概念内涵;有多重与较为清晰的内容涵盖;具备较高的视觉可视及视觉冲击效果;具有一定或丰富的视觉语言;富有较高的创意设计技法与实用效果。视觉要素,无论是对企业形象塑造还是对品牌概念形成,无论是对产品市场扩展还是对企业特有文化建立,都具有巨大的推动作用。

(二) 广义与狭义视觉要素

在阐述企业视觉要素作用这个问题之前,有必要首先揭示相对于广义视觉要素而言,特定视觉要素的两个重要理论概念。广义视觉要素通常不具有概念内涵,更没有丰富的概念空间,也就是说,当我们看到广义视觉要素时,不会形成某种特定的概念联想,更不会从中解读出丰富的视觉语言及由此而形成某种概念认识。但特定视觉要素却能产生两个独特的功效:其一是制造出某种特定概念;其二是提升更多的概念内涵和空间。这正是我们要对企业视觉要素做深入理论研究的重要原因。

图 1 - 2

所谓制造概念空间是指用特定的视觉要素制造出或形成某种概念内涵。此前这种视觉要素并不具有某种概念所指,其自身具有的概念完全是人为制造出来的,如图 1 - 2 中的纯羊毛标志图形。一个酷似毛线球的图形被人为地指定为纯羊毛的标志,由此这个视觉要素就具备了一种概念空间。纯羊毛标志是国际羊毛局 (IWS) (International Wool Secretariat) 授权的纺织品商标,是羊毛产品质量的保证。只有通过国际羊毛局一系列产品标准认证的羊毛产品才能挂纯羊毛标志。这里我们要重点强调的是,这个视觉要素在制造出一种独特概念的同时,不仅为人们对商品识别提供了保证,而且又对企业行为形成了某种制约,即此视觉要素可以帮助企业更好地销售产品,但产品必须符合视觉要素建立的概念要求,否则消费者就可以利用视觉要素追究企业的责任,这就是我们在后面要重点分析的企业视觉化管理问题。

所谓提升或扩展概念空间是指将视觉要素在原有概念的基础上,进一步地扩大与提升概念内涵,使其蕴涵更多和更为丰富的内容。如中国联通的标志——中国结,中国结本身蕴涵了吉祥如意、心心相印、祈盼福运的概念空间,而在此将中国结与中国联通连接在一起,以中国结这一特定视觉要素来表现一个中国国有通信企业,中国结本身的概念空间由此大大提升,它更体现了企业所追求的"联通你我,通向未来"的发展理念。再如中国国际航空股份有限公司的视觉要素——以凤凰为轮廓的图形(图1-3)。凤凰是中华民族古代传说中的神鸟,也是中华民族自古以来所崇拜的吉祥鸟。据《山海经》中记述:凤凰出于东方君子国,飞越巍峨的昆仑山,翱翔于四海之外,飞到哪里就给哪里带来吉祥和安宁。且凤凰有一些非常特殊的本领,它在飞行中能预感危险,由此总是选择最安全的路线,总能最安全

图 1-3

地到达终点。国航应用这一神鸟图形为企业标志,不仅是要将这一吉祥鸟的本领与企业自身特点进行有机联系,更在于用这种视觉要素将企业的安全第一、顾客至上、诚信为本的经营理念,以及人本、科学、和谐、高效的管理思想,进行直观表达及充分诠释。在此,视觉图形固有的概念空间被进一步地提升。

(三)视觉与视觉要素的关系

视觉与视觉要素有着非常密切的内在关系:视觉是视觉要素的生成主体,是主动与能动的,没有视觉的主动观察与判断,就不会有视觉要素的出现,以及由此而产生的其他行为活动。视觉要素是视觉的客体,在特定的视觉活动中,是被动与从属的;但如果没有视觉要素也就不存在视觉观察与判断。所以,从视觉形成及视觉活动的特定意义上讲,视觉与视觉要素是同一个概念,是一体的,即必须是在视觉与视觉要素同时存在的前提下,视觉的概念才能真正成立。

三、视觉要素的基本功能

对视觉要素基本功能的探讨有很高的理论价值,对此问题的理论研究目前在我国还比较少见,也可以说尚属初级阶段。功能,一般是指肌体

本身所具有能量与潜质,这种能量与潜质在外部环境适宜或获得某种激发时,将会形成局部与整体的释放。企业视觉要素的功能则更多是指视觉要素自身所蕴涵的某种特有的能量,这种能量归纳来看集中体现在五大方面。

(一)视觉要素的识别功能

识别功能是视觉要素,尤其是企业视觉要素最为基本的功能,这也是我们设计与应用视觉要素的初衷与重要目的。今天越来越多的企业应用视觉要素,其主要目的就是希望更多的市场群体,通过视觉要素来有效并快速地对企业及品牌形成辨别和认识,并由此建立某种形象概念,以及建立该企业及产品在市场中的位置概念。这种概念的建立无疑对企业竞争力提升及市场扩展具有重要意义。我国企业,尤其是传统的老字号企业,其市场扩展较慢是与企业视觉识别弱化有直接关系的。

深入探究视觉要素的识别功能,会发现识别功能又可分为接受性识别、记忆性识别、关注性识别、理解性识别四种主导形态。

1. 接受性识别

接受性识别属于一种纯被动性的识别形态,在此视觉要素形成的主要目的就是让你有效并快速地接受图形传递出的信息,而作为信息接受者(即识别者)而言,不需要对视觉要素的内容、内涵等做出更多的解读和

理解,只需知道它要说明的事项,以及掌握它的使用即可。我们看图1-4的两个视觉要素,尽管这两个图形属于公共类视觉要素,一个是禁止吸烟标志,一个是禁止驶入标志,但它们在此所建立的识别功能就是明确的接受性识别。在此,你不需要深度分析为

图1-4

什么是一支烟而不是两支烟,不需要探究为什么圆中是一个长方形而不是一个正方形,你所要做的就是接受图形传达出的信息及要求,并按图形的指示确定你的行为。作为接受性识别的视觉要素,一般不具有更多的

概念内涵。

2. 记忆性识别

记忆性识别从理论上讲也是一种被动性识别形态,人类的记忆功能与识别功能一般是同时开启的,而识别功能越深,记忆功能就越强。那么,为什么要用视觉要素来强化记忆功能呢,这就需要我们对人类大脑的记忆功能做一个医学解读。

人类大脑在识别和储存信息时,分为两种模式,即声音记忆与图像记忆。大脑分为左右两个半球,左脑用语言来处理信息,右脑用图像来处理信息。人们常常以为记忆更多是用语言,其实记忆大多是作为图像储存在大脑中。人类与生俱来拥有的本能即是图像识别,而在图像识别中,色彩的识别度最高,而由此形成的记忆也最深,其次是图形,最后也是最弱的是文字。而文字识别必须建立在两个前提基础上:一是文化基础,即要识字;二是语言基础,即要懂不同国家的文字,否则再好的字体人们也不会有更多的关注,而没有关注就没有识别,没有识别也就不会有记忆。这里我们就要回到我国部分老字号企业视觉传达的问题上,它们要么没有视觉要素,要么有也更多是以汉字为主的形态,显然这种形态的传递速度会受到很大限制,而在今天的全球化背景下,又会受到来自语言环境的制约。反观国外,尤其是美国的企业,它们大量采用色彩及图形要素,由此克服了信息接受瓶颈,加速了信息的接受速率,使消费者的记忆功能由此强化,有效地推动了企业在全球市场的快速扩张。我国的老字号企业为什么热衷于字形化视觉要素呢? 这确实是一个耐人深思的问题。

视觉记忆的主要依托是图形认识与颜色印象,适合、鲜明的色彩及独特造型的图形,对受众的记忆功能有着强烈的刺激,并能形成深刻的信息存储。此外,还可诱发市场群体的视觉兴趣并由此获得更多的视觉关注,这对视觉要素记忆功能的开启与深化具有非常重要的意义。

例如,IBM (International Business Machines Corporation) 这样一串文字,人们通常不会对它有太大兴趣,也不会产生更多关注,由此记忆功能就非常低,但若将这串文字设计成特定的视觉图形,并加以一定的色彩处理,其关注度就会大大提高(图1-5)。而一旦人们知道了它的内涵与归属,就会对这一视觉要素及所表示的品牌形成深刻的记忆。再如康师傅,如果只是简单的三个汉字,人们只会认为是某个人,一定不会有更多视觉兴趣,更不会把它和一个食品品牌联系在一起。但当我们把它进行特定的图形化处理,把图中"康师傅"三个字进行了变形化设计后(图1-6),人们就不会再把康师傅视为一个人了,人们的视觉关注度就会大大提升,而与此同时,人们也会对康师傅品牌形成深刻的记忆。

图1-5　　　　　　　　　　　　　　图1-6

　3. 关注性识别

　关注性识别则是一种带有一定主动性的识别形态。此刻,市场群体往往对该品牌,以及商品的性能、特点、价格等有了一定的认识,对该种商品形成了一种关注的态势。此刻,与该种商品直接关联的大量的视觉要素的出现,会在很大程度上加深这种关注,而随着关注度不断提升,市场群体会逐渐把关注变为消费,以致形成一种商品跟踪与追随的消费态势。在开启关注性识别功能时,视觉要素往往是一种综合性的呈现,既包括企业标志这种静态要素的高频次出现,又包括各类产品与企业形象广告这种动态性要素的不断再现。否则市场群体的关注性识别不会在短时间里快速强化。从20世纪80年代的太阳神口服液到90年代的七匹狼服装,从利郎、劲霸到神州行、动感地带等品牌的问世,都充分说明:形成更高的市场关注必须要有综合与立体的视觉要素呈现,这种动态与静态的视觉要素表现是相互支撑、缺一不可的。

　4. 理解性识别

　理解性识别是一种纯主动性的识别形态。此刻识别者对视觉要素的内涵、归属和所代表的商品都有比较深刻的认识,因此市场群体购买具有这种视觉要素的商品,一方面是出于商品自身优质的品质,而另一方面是出于个人的消费偏好;其中通过视觉要素来体现自身的身份与地位则占有比较大的比重。所以,我们必须对视觉要素所代表的商品及所呈现出的品牌概念有一个深刻的认识。

在视觉要素理解性识别功能的体现中,视觉要素具有两重属性:一重是商品的自然属性,即这种视觉要素表现出了商品的优质特征。这就是说,当我们看到一部车的标志是宝马时,我们一定不会对车的质量与性能发生质疑,因为这个标志本身就在告诉人们,我是优质产品,我有着完备的服务保证体系。而此刻视觉要素还有一重属性,即它的社会属性,在此视觉要素直接表现与传递出了使用或占有者的身份特征,也就是说,车辆的使用者通过宝马标志,向世人表明了拥有的财富。这种双重的属性特征在为视觉要素的拥有者提供更多品牌资本的同时,也为其建立了稳固的市场,为其开创了更大的市场空间。

(二)视觉要素的传播功能

传播的本意指社会信息的传递或社会信息系统化的运行。信息是传播的主体,传播的根本目的在于通过传递信息,使人们在获得可用信息的基础上,保证生产活动顺利进行并完成,促使人际关系顺畅及消除各种矛盾,由此使社会不断进步并向合理方向发展。

传播的主要方式或载体是动态性的语言、静态性的符号及二者的结合。这种结合就构成了可视及可听的画面,这种既有形又有音、音形结合、声像并茂的画面性传播,不仅传播的感染力高、画面吸引度大,而且传播范围广、空间大,能获得较高的关注度。我们今天所应用的大量的影视广告,就是这种画面性传播的典型。但这种传播的费用往往很高,且由于它更多是一种单通道传播形态,信息有去无回,所以传播的针对性与准确性相对较差。为了提高传播精准性与有效性,人们更多采用加大传播范围或加密传播频次的方式,由此进一步升高了传播费用,这种高额的传播费用对于一些企业来说往往很难承受,且盲目地用这种高成本的传播方式来扩展市场,也不符合市场经济的发展规律。

所谓静态性的符号传播,主要是指应用与企业直接相关的各种视觉要素。在此的视觉要素是一个非常宽泛的概念,既包括企业主动设计出的、带有很大传播目的性的企业标志,又包括由企业所生产的、重在使用而非用于传播的各种产品(服务)。这种产品可直接形成口碑式传播,我们又称为体验式传播。这种传播具有很高的有效性与可信度,但它的传播速度与空间实在是太小和太慢了。由此我们就会联想到我国部分的老字号企业,它们要么是只应用口碑式传播,要么是重口碑而淡化视觉要素传播,所以它们从问世到广为人知,再到形成市场规模走了很长的时间。反观很多国外品牌,它们一起步就大量应用有市场力和传播力的视觉要素,不仅快速形成了形象力与品牌概念,而且达成了品牌的有效推广及市场的高速扩展。

我们这里所谈的传播功能,着重针对的是以企业标志为主体的视觉要素传播。这些视觉要素是经过人为主观设计,以文字、形状、色彩混合而成的一种具有独特表现力的图形。从心理学角度讲,人们对由文字、形状、色彩所构成的特定图案会产生好奇感并会由此产生更高的关注度,同时会产生一种欲探明原由的心态,所以视觉要素在此可形成三种传播功效。

1. 视觉要素可作为一种独立的传播形态存活于市场中

这种形态无需其他辅助性的传播手段,如语言、人物、画面等,它只需在创意设计时力求人们能最直接及快速地读懂它和认识它,在传播中只需更多地强化市场群体对它的认知度和理解度。例如:奔跑的狼是服装品牌七匹狼(图1-7);带领结的兔子是高档服装花花公子;红色的中国结

图1-7

是中国通信企业中国联通。这种独立的传播形态，在快速扩展市场范围的基础上，大大降低了传播成本，由此极大提升了品牌传播的实效性。

2. 视觉要素可放置于企业各种有形的物品上

诸如产品、建筑物、车辆、工装、店面等，这些物品有些是静止状态，有些是在流动乃至高速流动。静止状态的视觉要素可随时被流动的市场群体看到，流动状态的又可随着人员与物体的时空扩散，在触发更多消费者视觉感受及品牌概念认知的基础上，使企业信息广泛传播；而当市场群体认知并接受这一视觉要素时，无疑将直接形成品牌借助视觉要素的市场时空扩展。

3. 视觉要素可以催生与强化品牌，推进品牌化经营

所谓品牌的催生更多是指品牌在市场中的快速及有效形成。这里，我们需要对品牌在市场中的主要表现形态做深刻认识。品牌于市场中的表现形态主要是两种：一种是以文字概念为主体的形态，如奔驰、佳能、IBM、康师傅、蒙牛、王老吉等；一种是以图形与色彩相结合的视觉图形形态，如图1-8。由于人们对图形的兴趣度、识别度及记忆度明显高于文字，所以当一种视觉图形在市场中出现后，它能够很快引发一种视觉关注，形成视觉图形在人们脑海中的反复呈现，这种呈现的频次越高，人们的兴趣度就会越大，记忆度就越深。

图1-8

而当人们形成了视觉图形的破解，就会对图形内涵形成较为牢固的认识及记忆，而随着这种记忆的形成与深化，一种由图形所表达的品牌概念便会迅速催生出来。这里的催生主要有两层含义：一是必须要生成，更多强调结果；二是必须快速地生成，更多强调过程。对比中外品牌概念形成的速度，国外，尤其是美国的品牌，其在市场中生成的速度明显快于我国，而在我国的品牌概念生成中，现代企业又明显快于传统企业，像太阳神（图1-9）、李宁、安踏、七匹狼等，都是在短短的二至三年间就形成了具有市场认知度及影响力的品牌概念，这些与视觉要素的广泛使用有着密切关系。

图1-9

在视觉要素识别功能生效的同时,信息传播功能也就此开启并逐步延伸,企业及产品特有的各种信息逐步被消费者所获取,消费者对企业与产品的认识、判断也就此逐渐形成。所以,以特定图形为基础的视觉传达,不仅能形成人们的快速识别,而且可形成不同地域与文化间的高效传播,这种传播还可突破语言、地域、文化、年龄等各种识别障碍。

(三)视觉要素的表达功能

任何一个视觉要素的形成都不是无源之水和无本之木,都有着深刻的主旨内容,有着要直接或间接表达的内涵。视觉要素表达的依托是丰富的视觉语言,我们又称图形及色彩语言。由于视觉要素所能容纳的语言空间极为有限,同时又要兼顾视觉冲击效果的要求,所以在表达功能的应用上,视觉要素只能说出最关键的话或最想说的语言。

在理解表达功能这一问题时,我们有必要解释一下视觉识别中意指关系的问题。意指关系是指在视觉识别中,尤其是视觉要素对企业主导信息的表达时,阅读群体由此看到或解读出的内容。意指关系又分为直接意指关系和含蓄意指关系。直接意指关系指视觉要素要直接表达与说明的内容,以及向关注群体直接诉求的信息,如企业名称、行业归属、产品特点、目标追求等。含蓄意指关系是间接与深层的表达关系,指在直接表达各种主导信息的基础上,向市场群体传达出的企业深层信息,如经营理念、经营目标、价值观、市场主体等。一个好的视觉要素应该直接意指关系明确、含蓄意指关系丰富。下面我们看两个视觉要素表达功能中意指关系的典型案例。

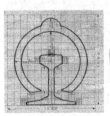

图 1 –10 是我国计划经济时期设计的铁路路徽。图形用火车头和铁轨的端面构成基本轮廓,直接表达出一个与铁路有关的领域,在此直接意指关系非常明确;而整个图形只用了一种颜色——红,在此寓意为共产党领导下的企业,同时也寓意新中国的铁

图1–10

路工人有着敢为人先、奋勇向前和势不可挡的革命干劲。图形的含蓄意指关系非常丰富。

图 1－11 是意大利服装品牌 Kappa 的标志，单从图形看，我们既可叫出品牌的名称，又可从中解读出品牌追求的适合休闲者外出运动、旅游的定位，在此直接意指关系非常明确。而图形中两个年轻人靠背而坐的画面，进一步传达出企业充满活力、不断进取、时刻顺应潮流变化的含蓄意指关系。

图 1－11

视觉要素在形成表达功能时，一般是首先表达直接意指关系，即首先要把最主要和最重要的话说出来，其次是尽可能多地表达含蓄意指关系。这里还要把握一个图形度的问题，即如果图形过于复杂、图形语言过于丰富，图形的视觉感，又叫视觉冲击力往往会降低。随着视觉感的降低，人们的视觉关注度与印象度自然就会下降，而视觉关注度的下降自然会影响到市场群体对企业形象及品牌的记忆和认识。所以，建立视觉表达时必须要抓住重点，说出最想说的话，表达出最主要的概念。至于含蓄意指关系的表达，有时不必太明确，可由人们充分发挥其想象力。

图 1－12

我们看图 1－12 大连华丰家具的标志图形，图形由拼音 H 即"华"的第一个拼音字母作为轮廓，里面有一棵较为具象的松树，在此直接意指关系非常明确，告诉我们品牌是"华丰"，生产的是以实木为原料的家具，而树的颜色——纯粹的绿色表达出了企业注重环保，追求高质量产品的含蓄意指关系。但我们要注意，到此含蓄意指关系还可以进一步地深挖。我们看这个图形的轮廓很像一个古钱币，也就是说我们可以认为图形在表达这样的一个概念，华丰家具具有收藏价值和保值功能，拥有这样的家具可以使你的资产保值增值。从今天的市场情况来看，实木家具确实可以保值，而且很多都在升值，由此形成了与图形含蓄意指关系的高度吻合。而这一含蓄意指关系完全是见仁见智的。

由于视觉要素有丰富的表达功能存在,所以我们在设计与构建要素时,完全可以追求一种图形表达功能的最大化,使想象力充分施展。但在此我们必须本着"在尽可能一目了然中心驰神往"的原则,否则会事倍功半甚至适得其反。中国农业银行和保时捷跑车的视觉要素设计(分别见图1-13和图1-14)就既能让人一目了然,又能使人充分遐想。农业银行的标志用麦穗与丰字的造型构成图形的整体轮廓,而丰字又酷似中国古代的钱币形状,它不仅使人一目了然看到了企业的行业归属,更明确表明了企业对应的市场主体。至于银行能给你创造多大的收益、带来多大的盈利,则完全属于每个人的心驰神往的部分。保时捷的图形更加明确,在图形中间是奔驰的烈马,而图形轮廓又是一个坚固的盾牌,烈马表达了速度,盾牌表明了安全性,由此产品特点一目了然。

图1-13　　　　　　　　图1-14

(四)视觉要素的吸引功能

在阐述吸引功能问题之前,我们先看两组图片的对比(图1-15、图1-16):

 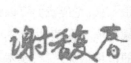 

图1-15　　　　　　　　图1-16

由两组图片对比可以清晰看到富有美感及内涵丰富的图形较单独的文字具有更高的视觉吸引力,能获得更高的视觉关注及收视效应,这正是视觉要素吸引功能的集中体现。

　　根据人类大脑的运作模式,视觉冲击有助于有意识,甚至于无意识的深刻记忆,更易激发出人们去进一步了解的好奇心理。而这种好奇心理更易促发人们探究事物深层奥秘的心态,同时也有助于人们从深刻的视觉记忆中建立起有目的的行为意识,如使用、购买、消费等。

　　吸引功能的开启集中在两个层面上:

　　1. 由视觉吸引到引发视觉关注

　　引发人们视觉关注的重要因素是对美的追求及好奇心态,其中美感的吸引占很大的比重,当然好奇心态也会诱发视觉关注,如男人留长发、女人剃光头、老头穿花衣服等。但这种视觉吸引及关注的范围与比例是很低的,而富有美感的视觉对象很容易刺激到人们的视觉神经,形成一种不自觉的视觉聚焦。视觉聚焦是视觉关注,以至形成心理关注与情感接受的前提。如果没有视觉关注或视觉关注的否定,人们很难形成心理关注和情感接受,这很像现实生活中的介绍对象,如果第一面就不认可则很难继续。

　　2. 由视觉关注逐步诱导到心理关注,以至最后达到行为跟随

　　这种建立在情感认可基础上的行为跟随,不再是一种突发奇想式的消费表现,它常常可以建立起一种较为稳定的、以视觉要素为导向的固定式消费。

　　再回到视觉要素的形成层面,视觉要素在创意与设计时,在很大程度上是依据和遵循社会大众的美学标准的,同时体现美与刻画美,用美吸引大众、用美接近消费者,更是人们使用视觉要素的重要目的。所以,视觉要素在传达企业信息和表达企业归属的同时,形成了更为广泛的视觉吸引及关注,如图1-17。而富有美感的事物总能诱发人们的兴趣及更深层的关注,而引起人们兴趣和关注的产品及品牌总会对人们的消费行为产生巨大影响。

图 1-17

(五)视觉要素的管理功能

视觉要素具有很高的管理功效,这种功效又称为视觉化管理。关于视觉化管理问题我们后面还要做深入的分析,对这一理论问题的探讨具有很高的现实意义,但当前就此问题的研究非常缺乏,对此领域的应用更为不足。我国正处于深化改革的阶段,视觉化管理应引起我国政府、企业的高度重视。在此,我们首先解读一下视觉要素的管理功能,这一功能集中体现在三个层面上。

1. 视觉要素具有直接制约与管理功能

视觉要素本身是一种用图形及视觉语言表达使用者用意的方式,在此应用者将要传递的主导信息浓缩到一个具体的和有高度视觉感的视觉符号中。这个具有一定内涵与要求的视觉符号,将一种可以解读的语言和信息予以直接与最大化的表达,由此视觉要素就构成了管理者发布信息,约束或统一被管理者行为的载体。当人们看到这些视觉要素时,其行为将会受到某种制约并逐步趋于规范;而当其行为超越了视觉要素的限定时,管理者不仅可以对行为进行制止,甚至可以依据视觉要素的约定做出处罚。参看图 1-18,这是一个视觉要素行使直接管理功能的典型例证,图形表示的管理内容非常明确,进入施工现场必须戴安全帽,此刻视觉要素形成了对被管理者行为的制约,视觉要素构成了非常明确的管理体系。

2. 视觉要素具有间接管理功能

间接管理功能体现在由视觉要素而形成的形象力和企业归属感上,即首先用视觉要素形成形象力,再用形象力形成一种行为的间接制约力,用这种间接的制约达到管理的功效。当一种视觉要素所表现的企业或品牌获得了市场群体的广泛认可后,其企业形象力及品牌影响力也就

图 1-18

此形成,这种形象力及影响力在给企业提升竞争力及形成市场推动力的同时,也形成了一种对企业行为的制约效应,在此市场群体一定是按他们认可的形象标准对企业的各种行为进行评判。而视觉要素是评判中的主要依据,即当你进入具备这种视觉要素的工作领域或佩带这种视觉要素的标识时,你的行为表现就会受到一种无形的约束,这种约束是由视觉要素间接带来的。

3. 视觉要素可形成强大的管理激励机制

在企业中建立强大的管理激励机制,并由此形成企业特有的管理文化,无论是对企业管理效率的提升,还是对企业可持续发展,都具有巨大的推动作用。成就感与荣誉感是管理激励机制中的重要内容,而良好的企业形象及品牌认可度是成就感与荣誉感的重要来源。当员工进入到以视觉要素体现出的良好形象的工作领域,或佩戴表现良好形象的视觉要素时,员工的企业荣誉感与归属感便会油然而生。这种荣誉感与归属感将会激发出员工更高的工作热情,提升其工作的主动性,同时也会不断提高员工对企业的忠诚度。不仅如此,一旦这种激励机制催生出一种独特的企业文化,这种文化将具有极大的地域放射性,这种放射又将对一种地域文化产生巨大影响,使一个地域的企业及产品发生改变,以至获得文化认同下的整体提升。如图 1-19:用中文"永"和"久"拼成的自行车图形,不仅再现了产品的内在特质,而且表达了企业追求精益求精、潜心做事、踏实无华的文化品质。这种品质也就此缔造了一

图 1-19

个区域与一个时代的文化现象,当人们在解读上海永久的基础上整体认识上海制造时,人们所寻求的不再是一种产品,而是一种文化,一种透过产品而生成的企业与地域文化,这种文化对以上海为中心的地域经济发展起到了很好的推动作用。

四、企业视觉要素理论内涵

(一)企业视觉要素的含义

从广义的角度讲,任何构成企业基本形态的内容都可视为企业视觉要素,如企业的位置、规模、建筑物、产品、工作人员、销售场所、营销手段、各种广告等。而狭义的企业视觉要素是指针对某一企业或产品所设计的,具备较高视觉内涵,涵盖丰富视觉概念,具有充实视觉内容,蕴涵丰富概念空间,富有较高创意设计方法等内容的视觉对象或视觉符号(图1-20)。

图1-20

企业视觉要素更多是以一种具体化的视觉图形予以表现,由此这种图形就与企业或产品构成了一种整体关联关系,成为了企业及品牌的表达体,成为了一种特定形象的表现者。当人们看到这种视觉要素时,不再会简单或平面地理解为一个普通的企业名称,而会把它视为一种企业整体形象的再现,一种企业特质及实力的表达。

企业为什么要使用视觉要素?或者说为什么要通过一个视觉图形来表现企业形象及体现其基本特征呢?这正是我们要解答的关于企业视觉要素的作用问题。这一问题也是当前广大企业及广告设计界深刻关注、深入研究的领域。在分析企业视觉要素作用这一问题之前,我们首先探讨一下视觉要素,特别是广义视觉要素的主导作用。

(二)视觉要素的主导作用

首先,视觉要素有着强大的感染力和震撼力。视觉要素可形成一种由视觉关注到视觉感染,由视觉感染到由感而发的心灵震撼,形成一种视觉与心灵相通的互动效应。这种效应又可直接形成一种视觉关注社会效应。视觉要素由此可产生出激发斗志、感染情感、鼓舞士气、催生干劲等一些独特的社会作用。

其次,视觉要素有着强大的约束力及规范效应。这一点在视觉要素的管理功能中我们已经进行了详细分析。视觉要素在任何社会形态及任何社会发展阶段都发挥着约束公民行为、规范社会与企业秩序的超强作用。正是有了这些视觉要素,才使得我们能在一种有序和安全的社会中生存;才使得整个社会中的众多行为能在一种合理与有序的基础上完成。正是这些视觉要素的应用,使社会向更文明、更和谐、更健康的领域迈进,如图 1 - 21 中的两个视觉要素。

图 1 - 21

最后,视觉要素能形成超大的吸引作用。吸引作用又称为视觉关注效应。人们在关注事物时,首先是从视觉关注开始,由此视觉关注的程度深浅对事物发展有很大的影响;不仅如此,视觉关注度的提升,还会逐步激发出人们的心灵向往,而心灵向往又是导致行为跟踪的直接动因。所以,视觉的关注与认可,往往能直接诱发出人们的具体行为,而富有美感或视觉接受度较高的视觉要素,常常能形成一种超强、超大的视觉吸引力,并由此产生出一种超强的关注度,这正是越来越多的企业借助视觉要素,提升形象、开拓市场的用意所在。

我们再回到企业视觉要素的作用层面。

1. 企业视觉要素有着非凡的表现与表达作用，在表达和表现事物特征与内涵方面有着极高的功效

由于视觉要素是用视觉语言向公众表达企业及产品的各种信息，所以企业视觉要素在创意设计时，更多是谋求图形与表达内容的高度结合。这样企业视觉要素就在很大程度上用视觉与图形语言，将企业在诸多层面的特征及发展目标进行了综合的诠释，由此也使视觉要素有了更多语言表达的含义。由于表达者常常谋求在视觉要素中表达出更多的内容，而视觉图形的语言容量又极为有限，所以企业只能是把最主要、最核心或最希望表达的内容融入到图形中，或是更多表达企业的行业与产品特征，或是表达企业的目标追求。如图 1 - 22 中的两个企业视觉要素，一个重在表达行业特征，一个着重刻画目标追求。

图 1 - 22

2. 企业视觉要素可直接形成企业形象及品牌概念

依据企业定位与主导信息传递而设计的视觉要素，不仅是表达企业追求的载体，更是市场群体认识与识别企业，由此建立特定形象概念及品牌内涵的直接载体。在此，这些与企业直接关联的视觉要素不再是一种简单的图形，而是一个企业形象与品牌的化身，是一个代表了企业形象与品牌实力的直观载体。我们参看下面图 1 - 23 中的视觉图形，此刻一只

图 1 - 23

奔跑的狼代表的是服装品牌七匹狼;两只可爱的鹤是医药品牌双鹤药业;三个斜向的长方形表现出了阿迪达斯在体育品牌中高端领先、前卫时尚的形象;而四个套在一起的圆则将奥迪在汽车领域中的实力感尽情彰显。在此,视觉要素不仅建立了特定的企业概念,形成了图形的企业名称化表现,更成为了一种形象及品牌实力的替代者。

3. 企业视觉要素具有超强的市场感召力

在商品经济中,企业视觉要素在很大程度上是与企业、品牌等概念融为一体的,视觉要素综合体现了企业形象、品牌实力、商品品质,以及消费者实力、购买者档次、使用者喜好。所以,拥有以及使用具备视觉要素的商品,构成了众多消费群体的购买动机,在此,视觉要素起到了很大的诱导与引导消费的作用。而无论是因视觉要素打动消费群体,还是因对商品的接受而偏爱具有视觉要素的商品,都将使商品在视觉要素的感召下,获得更广泛的市场,形成更大的市场营销效应(图1-24)。

图1-24

形成广泛的视觉关注及视觉吸引效应,是企业视觉要素设计中的一大目标。视觉要素的表现形态既要遵循企业的发展目标与市场定位,又要谋求形成市场群体的视觉关注及由此引发更高的市场关注效应。所以,是否拥有视觉要素,以及视觉要素的视觉吸引力与市场影响力,对市场消费及扩展营销具有很大影响。在此,企业视觉要素更多扮演了说服、宣讲、诱导及拉近距离的营销员作用。这种作用的发挥对激发消费者产生企业与产品的兴趣,使消费者由感性认知到理性购买,由被动识别到主观接受有非常大的影响。在当今品牌主导消费、形象决定购买的市场中,消费者对企业视觉要素的认知、接受及偏爱程度,对市场营销影响深刻,有时甚至会起到左右营销的关键作用。

4. 企业视觉要素可促使企业信息广泛、快速传播,形成超大空间与超远距离的有效扩散

传播信息简捷、传播实效性高、传播范围大是企业视觉要素在传播中的三大特征,由此特征形成了企业视觉传达的特定形态。这种形态集中体现在企业信息传达直接、形式简捷,传播速度快,传达范围广、领域宽,传播信息易于接受等优势层面。企业视觉要素通过特定图形的表现力及视觉冲击力,在引发人们广泛视觉关注的基础上,形成一种视觉记忆及心理兴趣,在人们破解了图形归属及解读了图形内涵后,视觉要素便可在"润物细无声"中广泛地传播开来。此外,企业视觉要素在传播时不会受到媒体平台的更多限制,无需更多媒体平台中的费用支持,所以一旦被市场群体所识别和接受,就会产生巨大的市场传播效应。我们不妨看两组视觉传播的对比:云南白药在 1902 年诞生,而它真正成为市场广为认可的产品,历经了 30 多年的传播;而太阳神、李宁、蒙牛等品牌,由于视觉传达强劲,所以它们从问世到被市场广为认可,只经历了两三年的时间。再比如我国著名的运动品牌"回力",早在 1933 年就正式出产了产品,时隔 30 年后"耐克"品牌才诞生,但时至今日,耐克无论是品牌知名度,还是品牌价值,都远远大于及高于回力,对比之下,我们不得不承认视觉要素在其中所起到的传播作用。

5. 企业视觉要素有利于企业管理文化及文化体系的形成

企业视觉要素不仅可推动企业物质形态的发展,还可铸就企业特有的精神与文化内涵。在此,视觉要素不仅是企业实力、能力、状态、位置、特征等物化形态的反映,还是对企业追求、目标、理念、价值观等精神层面的再现,视觉要素还浸透着企业奉行的价值观、发展理念及文化诉求。而一个有市场影响力的企业视觉要素对一种独特的企业文化构建会起到极

大的推进作用,它会加快企业管理文化的形成,产生出一种具有"企业核力"的文化力。管理文化的核心在于建立一种无形的体系,并使之被广泛认可,这种体系将成为诱发和激发企业员工工作热情的动力,成为建立与维系企业管理秩序的保障,成为拓展市场与提升竞争力的手段。一种文化力的产生,将会使员工的工作行为更加主动,很多工作将由被动形态变为主动形态,人们会在一种对文化认同的前提下,认真自觉地完成本职工作。

第二章

企业视觉识别理论

一、视觉识别的早期应用

企业视觉识别理论诞生于20世纪三四十年代的美国,从70年代后逐渐向世界各地蔓延,在其蔓延过程中,这一理论又发生了很多根本性的变化,使得理论日趋成熟和完善。其实,在理论被正式提出之前,其中的很多做法已得到广泛应用。

(一)视觉识别的原始应用形态

视觉识别理论原始阶段的应用集中在公元5至19世纪中期,由于此时还没有出现完整的企业形态,所以视觉识别更多应用在一些非企业领域,较为典型的是宗教与军事。如在宗教中,大量使用有代表性的颜色及独特的行为体系,以此说明教派的追求,同时说明自身的特定身份,如图2-1。

图2-1

再以我国的佛教为例,其有明确的理念体系,主张"与人为善,普渡众生",并强调理念、意识对行为的影响及思想行为间的因果关系;同时,有明确的行为体系,提倡规范的行为,统一的动作并在坐、念、行、卧中集中体现;最主要的是佛教有着非常完备的视觉体系,这一体系不仅体现在着装与发式上,在庙宇的建造及排位的摆放上也是极其统一,并且充分使用着装、发式、颜色体现等级与地位(图2-2)。

视觉识别在军事领域的应用也非常典型。军人有清晰、明确的理念——强调要不畏牺牲、保家卫国,并强调要有高度的纪律性及服从性;

图 2－2

军队更有着严格的行为体系,我们通常所说的"站如松、坐如钟、猛如虎、快如箭"等都是对这一体系的直观写照;军队更有着高度完整的视觉体系,这种体系不仅可以让我们识别出军人的身份,同时还能识别出诸多的信息,如图 2－3。

图 2－3

(二) 视觉识别理论的萌芽应用阶段

19 世纪中期到 20 世纪 30 年代,视觉识别理论进入到一个萌芽阶段,伴随着现代企业形态的出现,视觉识别理论开始被一些企业所应用。之所以称这一阶段为萌芽阶段,是因为此时视觉识别理论的概念还没有被明确提出。

尽管理论体系尚未形成,但理论体系中的很多内容和手段却已开始被一些企业采用,而随着应用者的快速发展,人们对视觉识别理论及操作手段高度重视,由此催生了这一理论。在萌芽阶段有三个企业的做法具有一定的典型性和代表性。

第一个典型性应用是美国宝龄公司的货物识别。时间可追溯到1851年前后,宝龄公司的很多货物在外销与外运中大量堆放在码头,因没有明确的标识系统,搬运工人经常将货物装错船,造成了很多不必要的经济损失。为避免装错船事件的频繁发生,码头工人开始在货物包装箱打上一个黑叉子作为宝龄公司的记号,以区分货物的归属。这一做法果然起到了效果,装错船的事件大大减少。但后来,由于码头上的货物越来越多,其他公司的搬运工人也学会在包装箱上打上黑叉子的做法,码头上带有黑叉叉的包装箱越来越多,装错船的事件又开始屡有发生。此时码头上宝龄公司的搬运工便将本公司的货物由黑叉变成了有黑星星形状的图形。这种图形的变化使得宝龄公司货物被装错船的事件又大大减少。但后来随着码头货物的增加及搬运工人数量的不断增多,这种有黑星星图形的包装箱也日益增多,于是装错船的事件又再次增加。此时,宝龄公司主动采取了一个措施,他们首先设计了一个有特点的视觉要素并使用在货物包装上,同时在码头上做了一个公开声明,告知其他公司的搬运工不要再效仿。这一做法不仅使宝龄公司装错船的事件大为减少,而且也开创了一个视觉识别的先河。宝龄公司是至今为止最早将视觉识别应用到企业产品上,用以说明产品归属及塑造企业视觉形象的。这一成功做法为视觉识别理论的提出奠定了实践基础。

宝龄公司主要是在货物识别上使用视觉系统,而在企业诸多方面使用视觉识别的先驱是德国的 AEG 电器公司,所以,它被视为最早采用企业视觉形象系统的企业。AEG 电器公司是德国最早生产电器产品的企业,主要以电器开关、电器控制设备等为主。1914 年,该公司聘请德国著名的建筑师——彼得·贝伦茨为其设计了一套完整的商标标识,如图2-4所示。

图 2 - 4

彼得·贝伦茨出生于汉堡,曾在艺术学院学习绘画,1891 年以后在慕尼黑从事书籍插图和木版画创作,后改学建筑,是慕尼黑青春风格最重要的设计家。他为 AEG 和其他企业设计的产品目录、广告册页和海报,采用标准的方格网络方式,严谨地把图形、字体、文字说明、装饰图案工整地安排在方格网络之中,清晰易读,让人一目了然。AEG 电器公司将贝伦茨的设计广泛应用到企业对外的各个领域,如产品包装、海报宣传、广告、信笺、展示橱窗等,以此整体表现产品特征和企业追求,塑造统一的企业视觉形象,这一举措构成了最初的 CIS 雏形。

意大利奥利培帝打字机公司是将视觉识别应用到更多领域的典范。卡米欧·奥利培帝是意大利的年青数学家,20 世纪 30 年代,他在家乡依里亚开设了生产打字机的工厂,并以自己的名字注册了产品商标。他将商标用在和企业相关的多个领域中,以此达到说明产品特点、强化产品内涵的识别效果。奥利培帝后来在家乡开办了一些托儿所和养老院,将其商标也应用到这些领域里。他的这些举措不仅收到了很好的市场效果,而且使他成为将视觉识别应用在企业及其他领域的先驱。

尽管原始萌芽阶段视觉识别的方式非常简单,视觉设计的手段与表现方式非常稚嫩,但在视觉识别上取得了三大方面的收获:

其一,视觉识别的应用使人们对其作用有了更深刻的认识,为视觉识别理论奠定了实践基础。

其二,视觉识别系统让人们看到了它在区分产品归属,说明企业特点,表达企业追求等方面的独特功效,这为 CIS 理论的诞生奠定了理论基础。

其三,视觉识别系统为企业及产品的传播提供了有效手段,扩大了产品传播的空间和范围,这直接催生了视觉识别理论的形成。

二、企业视觉识别理论的形成

(一) CIS 理论的提出

企业视觉识别理论——CIS,诞生于美国。美国提出这一理论的诱因很多,可谓是水到渠成。第二次世界大战后,美国经济迅猛发展,企业数量日益增多,市场竞争日趋激烈。20世纪五六十年代,是美国经济高速增长的繁荣时期,国民生产总值由1946年的2 000亿美元增至1965年的1万亿美元;1965—1970年期间,美国国民生产总值由6 850亿美元增至9 770亿美元。进入20世纪60年代以后,一大批美国企业力求发展海外和国际市场,追求更大的竞争优势及利润空间。于是,进行品牌化经营,构筑强势的企业视觉和综合形象,成为美国多数企业的需求。这种强大的"水"自然也就催生了"渠"——视觉识别理论的形成。所以,高速发展的经济及由此带来的企业间竞争的加剧,以及以市场营销为导向的国际市场渗透,就构成了视觉识别理论产生的直接诱因。

面对日益激烈的市场竞争及大批美国企业谋求海外发展的需求,20世纪30年代,美国著名工业设计大师、设计家雷蒙特·保罗·兰德(Paul Rand)提出了建立企业视觉识别体系,即CIS理论的概念,企业视觉识别理论在美国正式诞生。

雷蒙特·保罗·兰德(1914—1996)是美国乃至世界最杰出的图形设计师、思想家及设计教育家(图2-5)。他于1929—1932年就学于纽约Parsons设计学院。年仅23岁他便成为Esquire Coronet广告公司的艺术指导,在随后的30多年里,他一直担任纽约广告代理公司的创意指导,也曾受聘为许多美国著名大公司的设计师或设计顾问,其中包括美国广播公司、IBM公司、西屋电器公司、NEXT电脑公司、UPS快递

图2-5

公司等。他为这些公司和机构所设计的企业标志已成了家喻户晓的经典之作。半个多世纪以来,他在视觉设计方面的建树和前卫精神对整个图形设计领域而言,影响巨大而深远,曾被授予英国"荣誉皇家设计师"的头衔。

兰德认为,企业欲获得市场中的有利地位,占据竞争中的优势,实现快速的市场扩张,占领更广阔的世界市场,就必须建立以视觉形象为中心的完整的识别体系。这一体系就是企业视觉识别体系,即Corporate Identity System，至此 CIS 理论在美国诞生，并掀起了一股广泛应用与研究的浪潮。而随着一批企业在应用中的快速崛起，使得这一理论的应用在美国迅速扩展，而伴随着应用的扩展又促使了这一理论体系日臻完善。

（二）CIS 理论的典型应用

CIS 理论之所以诞生于美国，一方面是因为兰德提出了理论，另一方面是由于美国一批企业的广泛应用。其中，我们所熟悉的 IBM、可口可乐、麦当劳的成功经验极为经典，耐人寻味。

1. 蓝色巨人 IBM 的迅速崛起

IBM 是美国较早尝试 CIS 理论，并迅速腾飞、快速发展的典型。IBM 的全称是 International Business Machines，即国际商用机器公司，前身是以生产计时器、商用机械设备为主。创始人是爱尔兰裔托马斯·J. 沃森。在企业创建之初，沃森严守"诚信、务实、宽宏"的经营理念，以及重视营销的经营思想，为企业的快速发展及日后崛起奠定了很好的基础。

20 世纪 50 年代，小托马斯继任，他继续奉行老托马斯的经营理念。此时，家用电脑在美国日益兴起，小托马斯认为应抓住机会进入这一领域，同时他也希望借此进入新领域，一改人们对国际商用机器公司的传统认识，塑造出"领先、诚信、周到服务"的崭新形象。为此，小托马斯决定应用 CIS 理论建立企业识别体系，确立企业的个性，反映企业的品质与时代感，尽显企业勇于追求的精神。就企业经营与形象问题，他请教了公司的管理顾问埃里奥托·路易斯，路易斯认为应该通过一些有效的视觉设计来传达国际商用机器公司的追求、优势和特色，并通过视觉识别形成人们对公司全新的认识。为此，埃里奥托·路易斯找到了保罗·兰德。

保罗·兰德在明确了企业定位与发展目标的基础上，在深刻理解小托马斯对企业未来发展方向定位的前提下，提出了一整套企业识别设计方案。为了延续企业已有的理念和特质，使人们看到原有企业的特色犹在，他采用了字头缩拼的设计，在保留字头的基础上使国际商用机器公司的概念继续延续；为了让人们看到企业进入到一个与科技有关的领域，他采取了在视觉要素中加阴影横线的表现手段,由此使视觉图形的概念空间、意指关系及表现力更加丰富;为突出产品在科技开发与生产研制领域的领先性,同时为使企业视觉要素能够被快速识别与高效传播,他采用了深蓝色为主导色的基调并配以蓝白相间的色彩搭配,在白色的衬托下,蓝色的特征与表现力更加强烈,这一色彩的使用与搭配,进一步奠定了 IBM 蓝

图 2 – 6

色巨人的形象,如图 2 – 6,而蓝色又被誉为现代科技的主导色,使得 IBM 品牌高端、领先的形象概念进一步得以彰显。保罗·兰德的这一视觉识别设计取得了巨大成功。今天,一个有着雄厚实力、品牌强势,可提供全方位和整体服务的企业形象已屹立在我们面前。IBM 的成功是典型的视觉识别体系创意设计的成功,是 CIS 中的 VIS 创意设计的成功;是将视觉设计与视觉识别、视觉识别与视觉信息传播高度、有机结合的典范。2013年,其品牌价值已达 1 125 美元。

2. 可口可乐的腾飞

IBM 的成功在于经典的视觉要素创意设计及高效的视觉传达,而可口可乐的成功则在于视觉识别设计及经典的形象推广策划。可口可乐(Coca-kola),总部位于美国亚特兰大,起源于 1887 年美国佐治亚州亚特兰大市一家药品店。可口可乐不仅是全球销量第一的碳酸饮料,而且也是全球最著名的软饮料品牌。2013 年品牌价值为 784 亿美元。

可口可乐的前身只是一种治疗头疼的药水,1887 年由美国佐治亚州亚特兰大市人约翰·潘伯顿(Dr. John S. Pemberton)发明,是他在家中将碳酸水和糖及其他原料混合在一个三脚壶中而得到的一种饮料。同年 12月,法兰克·罗宾森、大卫·窦、爱德·荷兰合伙并将新企业取名为"潘柏顿化学公司"。这种液体的混合物被潘柏顿化学公司命名为 Coca-kola,并以药用饮料的身份进入到美国饮料市场。由于其药用饮料的身份并在特定的场所和专用的柜子中销售,所以起初没有引起人们的关注。没有明

确的顾客群体,没有清晰的视觉识别体系及企业形象,因此也就没有很好的市场业绩。

1916 年,公司的合伙人之一罗兰·鲁宾逊力求改变 Coca-kola 药用饮料的形象,希望使之成为一种有广泛市场群体并有独特口感、有独特美国企业形象特征的市场饮料。于是他大胆地采取了两大措施:一是重新设计产品包装图案,确定产品的基本色调,并修改关键字体。将 Coca-kola 变为 Coca-Cola,如图 2-7。同时用红色与白色构成基本色调,红色的冲击力与白色的稳定性及红色的热烈感与白色的纯正感形成了有机融合。二是采用有特色的专用瓶——短嘴瓶,如图 2-8,形成了独具特点的包装形象,从而给市场群体留下了强烈的印象。

图 2-7   图 2-8

20 世纪 40 年代,伍德·鲁夫出任可口可乐的第二任董事长,他上任后欲将可口可乐打造成为美国饮料市场中的主导乃至成为国际性的饮料。为此,他采取了两项战略性的措施:一是以支持二战的形式进行产品的国际化推广。可口可乐公司以瓶装饮料的形式,以独家饮料赞助商的

图 2-9

身份,先后拿出了 200 多万美元的物资支持美国政府作战,并借此进行大量的广告宣传,如图 2-9。此举取得了巨大收获,欧洲、非洲和亚洲部分地区人群对该饮料高度关注,由此产生了巨大的市场吸引与关注效应,为其后进军世界市场开创了非常有利的条件。二是在海外开设分厂。60 年代以后,可口可乐公司在国外开设了很多分公司和分厂,除配方和技术由国内提供以外,其他一切——资金、设备、材料、运输、销售等都由当地自筹、自制、自办。在此之

后的 25 年里,可口可乐公司单靠批发仅占饮料重量 0.31% 的原料,每年的经营总额就高达 9.79 亿美元,纯利接近 1.5 亿美元,真正成为了世界销量第一的饮料。

1981 年,戈兹达出任公司董事长,进一步使可口可乐走向腾飞。他在前任的基础上,采取了两项战略性的发展手段:第一,进军当时拥有 11 亿人口的中国市场(图 2 - 10)。他认为如果不去世界第一人口大国的市场,可口可乐就不能称为一个世界级的饮料。

所以在我国经济改革开放的初期,可口可乐便来到了中国。戈兹达的这一战略举措是非常英明的,它不仅快速推进了产品的市场营销,更使可口可乐的形象与品牌价值快速提升。第二,斥资 8 亿美元收购美国哥伦比亚广播公司,由此掀开了可口可乐进入文化与传媒领域,营造可口可乐

图 2 - 10

及美国文化的新时代。戈兹达此举在于构建可口可乐文化,以文化力形成产品在世界市场的强劲扩展,用一种品牌的文化认同来提升企业的竞争力。但此举最初遭到了很大的质疑甚至是反对,但随着 1996 年亚特兰大奥运会的申办成功及大获收益,人们真正明白了戈兹达此举的高明,真正看到了对一种文化的认同将会使产品购买成为一种自愿与自觉的行为。由于戈兹达在营造企业文化时过于强调企业的悠久历史,一度受到了百事可乐的强烈冲击。百事可乐以其富有动感的企业视觉要素及极具青春活力的动感广告,获得了大批年青群体的青睐,从可口可乐手中抢走了很多市场,使可口可乐的市场份额大幅下降。对此,可口可乐在调整形象策略的基础上进行了强力反击,不仅夺回了一部分市场份额,而且进一步巩固了美国乃至世界第一饮料的位置。

归纳来看,可口可乐的成功集中体现在三大方面:其一是典型的形象推广策略的成功——将视觉推广与公关推广巧妙和有机地结合在一起;其二是营销战略与市场运作的成功,在合理的时间,用合理的策略推向合理的市场;其三是 CIS 理论应用的成功,将视觉识别创意设计与色彩传播

进行有机结合,最大化地体现了产品特点及美国文化。

3. 麦当劳的后来居上

麦当劳(McDonald's)公司是美国应用视觉识别系统取得巨大成就的又一典范。尽管它起步较晚,但它的发展速度惊人,是全球规模最大、最著名的快餐集团,已成为世界第一餐饮品牌,在世界上拥有大约3万多间分店,遍布世界六大洲的120多个国家。在很多国家,麦当劳代表着一种美国式的生活方式。麦当劳公司总部坐落在美国伊利诺斯州,2013年其品牌价值为903亿美元,它在中国大陆地区的早期译名是麦克唐纳快餐。

早在1937年,两位犹太兄弟麦克和迪克,看到很多过往的卡车司机经常找不到吃饭的地方或因时间紧张不能吃饭,就在洛杉矶郊外一个叫巴沙地那的地方开设了一家汽车餐厅,并以两人名字英文字母的开头音起了店名——麦当劳。但公司自1955年正式成立以来,经营内容很少,经营条件也非常简陋,因此,收效不高、没有名气、发展缓慢。1961年,一位叫克拉克的荷兰人获得了麦当劳的经营权,随即展开了对麦当劳的整体改造,他的主要做法如下:

对内提出了Q(quality)+S(service)+C(clean)=V(value),即"品质+服务+清洁 = 价值"的企业经营理念和经营思想。其中Q代表的是质量和品质,为保证食品的独特风味和新鲜感,克拉克制定了一系列近乎苛刻的指标。所有原材料在进店前都要接受多项质量检查,牛肉饼需要接受的检查指标达40多项;奶浆的接货温度不超过4℃;奶酪的库存保质期为40天,炸好的薯条超过7分钟就要倒掉。S代表的是服务,克拉克提倡快捷、友善和周到的服务理念。至于餐厅布置,麦当劳坚持走方便、典雅路线,适当摆放一些名画奇花,播放轻松的乐曲,顾客在用餐之余还能得到优美的视听享受。C代表的是清洁,为此,麦当劳制定了严格的卫生标准,如员工上岗前必须用特制的杀菌洗手液搓洗20秒,然后冲净、烘干。V代表的是价值,即要价格合理、物有所值。为此麦当劳的食品讲求味道、颜色、营养。提倡价格与所提供的服务一致化,要让顾客吃了之后感到真正是物有所值。同时,还主张让顾客在进餐之余得到精神文化的享受。

在产品的服务上克拉克提出了"与其靠着墙站着,不如拿起扫梳打扫的"服务理念;实施统一进料,统一配送,统一加工的工业生产组织形式,坚持"余料不过夜,产品超过 24 小时倒掉"的做法。在企业经营形态上,克拉克采取连锁经营,合理布点的经营模式,并提出了"统一店面,统一着装,统一服务"的统一形象、建立企业视觉识别体系的举措。

为实现统一形象及强化视觉识别体系,克拉克请到了美国著名建筑师——梅斯顿,请他为企业设计视觉系统。梅斯顿做出了多稿设计方案,麦克和迪克审阅后都不甚满意。麦克对其中的一个方案略感兴趣,在这个方案中有一个大大的房子,房前有一个很大的拱门,拱门里堆放着麦当劳的各种食物,一群各种肤色的美国人在踊跃地往房子里跑。麦克认为设计思路不错,但画面过于复杂,他觉得拱门的设计很好,可以保留,于是拿起笔,亲自动手画了一个拱门,迪克看后觉得一个拱门过于单调,认为可以再加上一个拱门,于是麦克就在画过的拱门边又画了一个拱门。此刻一个有着 M 造型的双拱门图形跃然眼前,麦克和迪克对这一设计比较满意,认为它不仅体现了麦当劳追求的"品质 + 服务 + 清洁 = 价值"的理念,还与麦克的第一个英文字母相同,于是,这一设计方案当即被敲定。

为使这一拱门有更好的传播效果,克拉克请到了商业传播专家——得斯顿。得斯顿建议用霓虹灯来提升视觉传播效果及扩展传播距离,并建议将 M 拱门做成亮度最高的黄色,在黄色拱门下方做一个红色的底托,克拉克、麦克和迪克非常愉快地采纳了得斯顿的建议。我们今天所看到的这个黄色拱门不仅是一个有特色的快餐企业,更是一个象征美国文化及引领世界快餐业的代表,如图 2 - 11 所示。

图 2 - 11

进入 20 世纪 70 年代后,麦当劳又创立了令孩子喜欢的麦当劳大叔形象,进一步宣扬麦当劳的"享受 + 娱乐 + 时尚"的文化概念。这一视觉识别要素的应用获得了巨大收益,它不仅使麦当劳赢得了更多层面的消费群体,同时也使"吃麦当劳＝中产阶级＋时尚文化"的这一文化概念形成,这种文化概念成为了麦当劳进入世界其他地区进行市场扩展的主导力量。

麦当劳的成功在于:"时尚的产品＋工业化(规模化)"的生产方式;连锁式的商业运行模式及合理适用的企业经营理念;成功的视觉识别系统的应用及有效与全方位的视觉传播方式;以视觉形象为依托建立独具特色的企业文化概念。

除上述三个典型实例外,还有一批美国企业通过企业视觉识别理论的应用获得了快速发展。如在 20 世纪 60 年代,Lippincott& Margulies 为RCA(美国广播公司)成功设计了完整的视觉系统,使 RCA 迅速发展为一个在宇宙开发、教育、通信、情报、娱乐、服务、无线电等多领域发展的庞大企业集团。美国东方航空公司通过 CIS 系统的导入,从濒临破产的边缘起死回生。到 80 年代初期,美国大部分股票上市企业都实施了CIS 战略。纽约的科布康服务公司曾对 1 300 家公司作过有关 CIS 观念的调查,其中在"CIS 计划为企业产生什么功效"一项上,认为产生好印象的受访者占 58%,认为会带来好的视觉与联想的占 19%,两项合计将近占到 80%。由此可见,企业视觉识别理论得到了美国企业的高度认可。

(三) CIS 理论在美国形成并快速发展的主要原因

企业视觉识别理论之所以能在美国形成并快速发展,除前面分析的企业竞争加剧及加速海外市场扩张外,高度发展的经济环境及企业数量在短期内的迅猛增加,高度发展的汽车工业及由此带来的以汽车文化为背景的视觉传播、工业设计学、美学等新兴学科在美国的兴起和广泛应用等,都直接导致并加速了这一理论的形成。

进入 20 世纪 50 年代后,特别是 60 年代以来,美国的交通主体结构发生了巨大变化,汽车,特别是私人车辆成为主要交通工具。交通工具的变化也随之带来了各种服务业的发达与变化,各种加油站、餐厅、便利店、旅社、停车场、饮料店等应运而生。为吸引车内的人员,这些店铺招牌都设计得简洁明了,车辆文化也使连锁店的经营日益兴起,麦当劳、肯德基、假日饭店在连锁分号的招牌、建筑、广告、标志的视觉设计上,要求规格划一,易于消费者认同和识别。同时,由于交通工具的变化也给高速公路两侧的广告牌提出了简洁、易懂、好记的设计要求。

工业设计学出现于20世纪20年代德国的鲍豪斯学校,它由各国一些著名的建筑师、画家、雕刻家、摄影家、印刷专家和工程师所建立。第二次世界大战后,工业设计学在制作高质量的批量产品过程中的作用明显增强。工业设计学的兴起为CIS理论的提出奠定了设计前提,如果没有这样一个强大外因的助推,视觉识别理论也不会迅速在美国诞生,并呈现强大的发展之势。当然,促使理论形成最大的动力还是视觉识别理论给使用者带来了巨大的实惠和丰厚的利润。

三、企业视觉识别理论的基本体系

由保罗·兰德提出的CIS理论发展至今,理论体系发生了很大变化。故我们今天所探讨的CIS理论较之以往有了更丰富的内容。它不仅包含了这一理论的基本构成体系,还包含了实施这一战略的目标体系和效果体系,以及企业经营环境改善、竞争力提高、品牌影响力提升等综合内容。由于这些内容涉及的层面较广,所以在此我们重点探讨的是CIS理论的构成体系,这一体系又分为基本要素构成与实施构成两方面内容,基本要素的构成及相互关系是研究这一理论的重点。

(一)CIS概念解析

雷蒙特·保罗·兰德所提出的企业视觉识别理论的英文概念是CIS,CIS的原意是 Corporate Identity System 。其中 Corporate 指团体、法人、公司、企业;Identity 指证明、识别,同一性、一致性、持久性;System 指体系、制度、系统、秩序。所以CIS的原意指的是企业识别系统。

1. 概念内涵的初次引申

CIS 理论诞生于美国,美国提出并应用此理论的主要目的是为使消费者能够尽快区分出企业的归属与特点,从而在市场中实现快速识别与清晰记忆,最终达到提升竞争力,向全球扩张的目的。因此,CIS 在美国更多是寻求对企业的识别与区分效果。而消费者在通过识别系统产生识别和区分时,常常把识别主体——视觉要素视同为企业形象,这样就在一定程度上形成了企业识别系统与企业形象一致化、一体化的概念,由此也就产生了 CIS 就是企业形象的认识。尽管企业形象的英文原意是 Corporate Image,缩写也是 CI,但它与 CIS 的原意是完全不同的,而产生这种相同概念的原因是 CIS 的概念被引申了。

2. 概念内涵的再次引申

保罗·兰德所提出的企业识别系统理论,主要是应用视觉要素来达到识别效果,而这种视觉要素本身又蕴涵了很大的设计成分。这样,CIS 就在初次被引申为企业形象的基础上,再次被引申为企业形象设计。

3. CIS 的理论含义

CIS 理论含义是企业为了塑造自身形象,将企业或机构的经营理念、文化、精神、发展目标等,运用行为活动、视觉设计等识别系统,整体地传达给关注者,以此凸显企业的个性和特征,与社会公众建立双向沟通关系,从而使社会公众产生认同感和共同价值观的一种战略性的活动。在这个定义中,我们需要理解几个"关键词":

(1)视觉设计与行为活动。视觉设计与行为活动是形成识别体系的两个基本层面。通常认为视觉设计是识别表层,是一次性的接受性识别,它往往是一种由感性到理性的识别过程;行为活动是识别里层,是多次性的认可性识别,它通常是一种由理性识别为主导,再到感性识别强化的识别过程。在两种识别都存在并成正比的情况下,企业识别系统才能充分建立,企业形象才会提高。

(2)关注群体的概念。关注群体一般是指与企业有关联的市场群体,他们或是企业产品的直接使用者,或是享受企业各种服务的消费者。总之,他们对企业或产品品牌有较深的了解,对企业的形象与发展有一定的关注度。企业只有把形象信息最大化地传播给这一群体才更具价值和实际意义。企业关注群体又可分为:直接(现有)关注群体和间接(潜在)关注群体。而企业导入 CIS 的目的应该是使直接(现有)关注群体日益巩固,使间接(潜在)关注群体日益扩大。

(3)认同感和共同价值观。认同感一般是对某一事物(人、企业、行为)形成一种在认可基础上的接受关系,在此关系下,消费者对企业形象已有一定的认同,但并不呈现跟踪与追随之势;而共同价值观一般是对某一事物形成一种理解并接受的关系,在此关系下,消费者对企业形象不仅有较高的认同感,更呈现一种跟踪追随的态势,在由认同感而形成共同价值观的基础上,消费者将呈现"认可并接受"加"理解并接受"的思维形态,而其消费行为将会是一种"跟随加追随"的市场表现。

(二) CIS 的基本要素构成

所谓 CIS 的基本要素构成主要是指理论包括哪些具体内容,还可视为完整的 CIS 操作有哪些具体工作。保罗·兰德提出的 CIS——企业识别系统理论包括三大主体内容。

1. 企业理念识别系统

企业理念识别系统—— Mind Identity System,是企业思想与策略识别体系,简称 MIS 或 MI 系统。它是指在企业经营过程中的经营理念、经营信条、企业使命、企业目标、企业精神、企业哲学、企业文化、企业性格、企业座右铭及企业经营战略(包括生产和市场各个环节的经营方针、原则等)的树立、确定,统一化和精神化。企业理念识别系统重点是解决企业发展方向、发展目标问题,以及企业如何发展的经营哲学问题。这两个问题不仅是形成企业识别系统的关键,更是企业经营与长久发展之本。耐克公司的创始人鲍尔曼把"富有创新设计,为运动员服务"作为公司的经营理念,很好地解决了公司的发展方向问题,使耐克成为运动产品中的顶级品牌。IBM 公司将"IBM 意味着服务"作为经营理念,明确了企业的经营哲学,使 IBM 成为今天的科技巨人。可见,企业经营理念的树立及由此明确的经营方向和经营哲学,对企业发展尤为重要;同时,它也是由识别系统而形成的形象体系的前提。

2. 企业行为识别系统

企业行为识别系统——Behavior Identity System，又称企业活动识别体系，简称 BIS 或 BI 系统。它主要指两个层面的内容：其一是指围绕企业经营理念，将企业基本行为（内部生产与外部服务）规范化、协调化和一致化；其二是以规范及特定的企业行为体现经营理念，并在企业关注群体中形成某种独特印象及特定的形象概念。所以，在企业识别理论体系中，行为识别系统既包括企业基本行为的建立体系，又包括以行为表现企业特征的表达体系。企业行为识别系统分为对内与对外两部分：对内部分主要包括生产管理、干部教育、员工培训、企业规章制度、生活福利、工作环境、内部营缮、生产设备、环境治理等；对外部分主要有市场调查、产品开发、市场信息反馈、公共关系策划、促销活动、流通对策、广告宣传、大型社会活动、公益活动组织、营销活动策划等内容。

3. 企业视觉识别系统

企业视觉识别系统——Visual Identity System，又称企业视觉要素识别体系，简称 VIS 或 VI 系统。它是指应用特定的视觉要素，以说明企业性质、特点、归属、目标；并以此在企业关注群体中建立一定的识别关系、位置关系、概念关系等独特内涵。视觉识别系统是纯属视觉信息传递的各种形式的统一，是具体化、整体化和视觉化传递企业信息的形式，是 CIS 中分列项目最多、层面最广、表现最具体、效果最直接的向社会及市场群体传递企业信息的独特领域。企业视觉识别系统又分为可视视觉系统与非可视视觉系统，可视视觉系统主要是指直接看到的视觉内容，而非可视视觉系统指不是由直观视觉看到，而是由听觉、感觉等形态获知的视觉信息，又称间接视觉系统。我们所要重点研究的是直接可视视觉系统，这一系统又分为企业基本要素系统和应用要素系统。

基本要素系统的内容有：企业名称、企业标志、企业标准字体、企业标准色彩、企业造型或象征图形（吉祥图形）、企业宣传标语口号、企业专用乐曲（厂歌、店曲）等。应用要素系统的内容包括办公系列、标识系列、工装系列、车辆系列、陈列系列、广告系列六大方面，每个系列又包括一些具体的分项内容。

　　在基本要素与应用要素的关系上,基本要素是前提和基础,是应用要素设计的母体,基本要素的设计内容直接决定应用要素的设计与使用;应用要素是基本要素的扩展和丰富,只有将基本要素的内容有机地融入到应用要素中,以及将应用要素最大化地体现基本要素的内容,才能使 VIS 系统发挥其应有的作用。基本要素与应用要素的关系可参考图 2 – 12 所示:

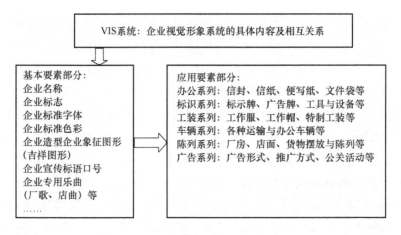

图 2 – 12

4. 三个系统的相互关系

　　MIS、BIS 和 VIS 三个系统间的相互关系非常密切,这种关系体现在两个方面:一是理论构成关系,二是操作构成关系。

　　在理论构成关系中,理念识别(MIS)是核心、灵魂,是整个企业识别系统运作的原动力。行为识别(BIS)和视觉识别(VIS)系统的设计要充分体现企业经营理念的精神实质和内涵。行为识别和视觉识别系统是企业理念系统直观表达与形象再现的直接载体,这两部分的设计无论是对理念系统的体现,还是对形象的认知与提升都有极大的推进作用。三者的理论关系,如图 2 – 13 所示。

　　所谓操作构成关系是指在 MIS、BIS 和 VIS 三者中,以谁为中心、为主体的问题。根据上述理论构成关系,在 CIS 操作中应以理念识别为中心,

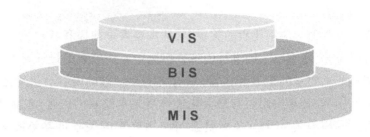

图 2－13

即企业经营理念的确立是 CIS 操作的首要工作,是首先要明确的。BIS 和 VIS 的操作要在 MIS 建立的基础上来完成。行为识别是在企业理念建立基础上首先要完成的工作,但由于企业行为识别体系在不同行业和类型的企业中有不同要求,且由行为表现而产生的识别体系及形象认同有较大的差异性,有些企业可由行为表现直接产生识别效应,并同时产生形象概念(如银行、民航等系统)。但有些企业不能由行为表现直接产生识别效应,这些企业行为的好坏更多地融入到了产品体系中,因此企业行为识别体系的操作在不同类型的企业中差异较大、深浅不一。所以,BIS 领域的操作在整个 CIS 设计中,尽管非常重要,但比重大小有时难以确定。VIS 的操作是在 MIS 确定基础上的又一项重要工作,这项工作对任何类型的企业来说都是必需的。同时,视觉识别是建立企业识别系统最为直接、最为有效的手段,它的形式与结果不仅可直接在企业消费者中形成识别效应,建立起企业形象(品牌)概念,更可使企业的市场效应快速扩大。所以,在 CIS 的操作构成中,VIS 的操作占有相当大的比重,有时 CIS 的操作几乎都是在设计 VIS 的内容,甚至使一些人误认为 CIS 操作就是以 VIS 的设计为主体,其实这是一种误解,其根源在于混淆了 CIS 理论中的构成关系与操作关系。

(三)CIS 理论的实施构成问题

关于 CIS 理论体系中的实施构成问题,更多是指在明确了 CIS 设计具体目标与基本内容的基础上,如何具体展开各项工作以及各项工作完成的基本步骤。由于在企业视觉识别设计中各项工作及基本步骤是一个伸缩性较大、弹性较强的问题,即是一个非绝对化的形态,所以实施构成没有绝对的、较为固定的,甚至是一成不变的内容。鉴于此,这里就不做过多分析了。

四、企业视觉识别理论的发展与演变

20 世纪 60 年代以后,世界经济获得了一个整体性的提升,伴随着各国,尤其是亚洲一些国家在发展经济中的强劲需求,以及美国企业的海外扩张,CIS 理论很快传播到世界各地,特别是亚洲一些经济快速发展的国家和地区,由此形成了 CIS 理论在世界范围内的发展与扩展之势。在这一理论的发展中,由于一些主观和客观因素又在一定程度上形成了理论扩散的催化剂,其中主观因素主要是该国或该地区经济发展与企业壮大的需求;客观因素主要是该国或该地区与美国的特殊关系。

(一)CIS 理论蔓延的路径

CIS 理论在世界范围内传播的主导路径有两条,一条是由美国到欧洲的西方路径,另一条是由美国到亚洲的东方路径。由于欧洲在经济发展上与美国没有明显落差,且欧洲的很多国家从工业文明到二战后的经济复兴,一直都在潜移默化地使用"视觉识别体系",这些国家的经济发展也较快,故 CIS 理论在欧洲没有形成像在亚洲那样的大规模扩散之势。而在亚洲的东方路径中,由于此时正逢一些国家和地区的经济复苏及振兴期,而 CIS 理论又适用于这种振兴的需求,很多国家又具有应用这一理论的文化与物质基础,所以,CIS 理论自 20 世纪 70 年代初进入到亚洲一些国家和地区以来,得到了大范围的应用及快速发展。

受 CIS 理论扩散的客观因素影响,这一理论在亚洲的扩展也基本上是呈现两条主线:一条是先在日本登陆,再由日本波及到韩国;另一条是先期到达中国台湾,再由台湾到香港及中国大陆。在 CIS 理论于亚洲各国和地区的发展中,一些地区较为完整地继承了美国的理论体系,并严格按照这一理论体系的内容展开各项工作。而一些国家却在延续美国理论体系的应用中,结合自身的民族特点,形成了具有新意且独具特色的 CIS 理论内容。CIS 初始理论的扩充和演变,在一定程度上不仅丰富了 CIS 理论,更为我们探讨适应中国国情的 CIS 理论提供了思路。

(二) CIS 理论在日本的渗透与演变

日本是亚洲较早应用 CIS 理论并获得巨大收益的国家。日本长期受佛教及儒家文化影响,也是世界上较早应用视觉识别体系的国度。至今,每当我们提到日本,总能形成一些有针对性的视觉联想,如武士、艺伎、相扑、柔道等。日本受自然、社会、宗教、历史、战争等多重因素的影响,国民中的危机意识较强,且民族文化中虚心学习他人之精华为己所用的意识很浓,由此使其具有很高的模仿再造能力;国民中推崇顺从与效忠心态,提倡团结合作、共融生存,非常强调用精神支配行为。这些国家及民族的特质为日本学习 CIS 理论并将这一理论深化奠定了基础。

1. CIS 理论在日本的引入

早在 20 世纪的 60 年代末,日本东洋电化株式会社(TDK)设计并制作了日本第一本 CIS 手册,由此拉开了 CIS 理论在日本兴起的浪潮。日本在 70 年代经历了两次由石油引发的危机,企业只能利用自动化技术度过难关。显然仅靠生产技术走出困境是不够的,这时日本的许多企业便把目光转向了 CIS 理论,希望借此能在激烈的竞争中求得生存。但日本在引入和应用这一理论的过程中,没有采用机械式的照搬策略,CIS 理论在日本的应用经历了两个阶段。

(1) CIS 理论在日本应用的第一阶段。20 世纪 70 年代初期至 80 年代中期是第一阶段,这一阶段日本重在引进与学习 CIS 的原始理论。1971 年,日本东洋工业株式会社正式更名为马自达(Mazda),由此进一步掀起了日本企业 CIS 革命的浪潮。马自达公司在 70 年代初期的原名为松田汽车,其商标为字母 H 和 M 的组合,如图 2 – 14,在日本国内该标志有着较高的知名度,但在海外却经常发生被误解现象。因此,为了统一企业形象,建立明确的企业识别体系,马自达公司盛邀日本专门为企业导入 CIS 服务的 Poas 公司,为其重新设计企业识别系统。Poas 设计人员采用当时国际流行的字母设计策略,将企业名称、品牌名称、商标图案完全统一为简洁、有力的五个字母 Mazda,如图 2 – 15。

图 2 – 14   图 2 – 15

马自达公司的这一举措不仅给企业注入了新的生命,更给日本企业界对 CIS 理论的认识带来了巨大冲击,此后,日本企业进行视觉形象设计的数量不断攀升。同年,日本第一银行与劝业银行以视觉识别设计为契机合并,获得了新形象下的巨大成功,由此使 CIS 理论在日本企业的应用大为流行。像健伍、伊势丹、华歌尔、美能达、三井银行、富士胶卷、松屋百货等品牌,都是在进行了企业视觉形象设计后得以快速发展。特别是松屋百货公司,在通过应用 CIS 理论并建立起有效的视觉识别系统后,不仅营业额增长了 118%,而且由一个中小企业快速成长为日本百货业的知名品牌,如图 2 – 16。

图 2 – 16

1984年,日本通产省曾以零售商为对象进行了调查,结果是:对CIS "非常重视"的企业占36.1%;"和其他公司同样重视"的占59.9%;"完全不关心"的仅占5.9%。仅1985年一年,日本就有129家企业导入CIS体系,到80年代初期,日本每年在视觉识别设计上的投入多达300亿日元左右。通过实施CIS战略,日本许多企业得到长足发展,至80年代中期,日本的CIS革命进入高潮,形象战略已成为企业发展总体战略中的重要组成部分。此外,日本国内在企业重视CIS理论应用的同时,也培育出了一批有实力的设计公司,由此进一步带动了日本企业CIS意识的提升。但这一阶段日本在CIS的操作上更多的是照抄美国的模式,CIS设计的重点是在视觉传达设计的标准化和冲击性上,力求设计要素与传播上的高视觉化,使得标志、标准字及标准颜色能充分运用到企业形象的表现中,同时非常看中视觉要素设计的唯美化。这些做法都属于典型的以VIS设计为中心的操作体系,尽管这一阶段也诞生了佳能、科达、富士等一些优秀的视觉要素,如图2-17,但总体来看,这个阶段日本对CIS理论理解和应用的层次较为肤浅。

图2-17

(2)CIS理论在日本应用的第二阶段。20世纪80年代中期到21世纪初期是日本应用CIS理论的第二阶段,这一阶段的显著特点是日本将CIS的原始理论深化和提炼,努力将初始理论与本国国情,特别是民族特质进行有机融合,使CIS理论的应用成为企业自身文化形成、"强身健体"

从而产生质变的重要手段;同时,努力使这一理论成为企业战略化管理的有效手段。在这一阶段,日本一些企业已不满足于 CIS 理论仅仅带来一种视觉区分与市场识别的效果,他们更多看中通过 CIS 的导入带给企业两大方面的变化:其一是形成企业特有的文化、精神和凝聚力,并以此凝聚员工思想、焕发企业士气,由此形成生产力。显然,此时日本企业在努力将 CIS 理论与民族文化进行有机融合,期望从融合中带给企业更加旺盛的生命力,以及更大的发展潜力。其二是高度重视由 CIS 的导入所带来的管理功效,通过企业视觉识别系统的建立过程,将企业长远发展与企业战略发展的走势予以明确,同时努力在关注群体中建立一种企业机体的质变效应,由此快速形成或巩固已有的品牌概念。

这种对 CIS 理论升华的尝试,不仅使企业发展进入到快车道,而且使 CIS 理论的操作模式更加丰富。它打破了原始理论中非常强调的以 VIS 设计为中心、过于看重视觉要素作用的做法,并建立起了一种以理念识别为中心的 CIS 操作模式。这一模式更为看重企业理念所产生的巨大作用,以及强调由理念的贯彻导致企业特有文化、企业精神与凝聚力的形成。这种尝试无疑是对 CIS 理论体系的丰富,同时也直接形成了 CIS 理论的深化与演变。这一阶段,持这种升华认识并努力进行改革、尝试并由此获得巨大收获的企业有:丰田汽车株式会社、三井重工、索尼公司、松下电器、三菱重工等,如丰田汽车始终奉行的"精益求精、精工细作"的理念,松下电器坚守的"造物先造人"与索尼始终如一奉行的"科技领先"思想等。

2. 日本应用 CIS 理论的主要特点

纵观 CIS 理论在日本两个阶段的发展,可以看出日本应用 CIS 理论的特点是:注重将 CIS 的原始理论与本国国情进行有机结合;在应用 CIS 理论中充分发挥、发扬民族的优良传统,努力将这一理论本土化、国情化;不简单生硬地套用理论,而是注重发挥原始理论;不把 CIS 操作简单视为一种识别问题,更为注重 CIS 应用所产生的精神要素及特有文化概念;注重 CIS 策划与实施中的理念要素的形成及贯彻,并以此为基础展开 CIS 的全部工作,同时非常看中 CIS 的整体化运行。日本的这些做法与对 CIS 理论的深化认识及在具体操作上的成功尝试,非常值得我们思考和借鉴。

(三) CIS 理论在韩国的应用

韩国对 CIS 理论的应用稍晚于日本,大体是在 20 世纪 80 年代初。韩国与中国及日本尽管都盛行佛教、推崇儒家文化,但由于朝鲜民族近 100 年的时间受到外来势力的入侵,由此形成了强烈的民族反抗意识,这种意识对韩国经济的快速起飞起到了很大的助推作用。同时,韩国相对单一的民族结构,又在一定程度上形成了较高的民族凝聚力;而在其民族文化体系中,更多提倡严明的纪律性与行为规范意识,提倡一种工作的认真精神与责任意识;民族自身的这些特点不仅有力推动了韩国在 80 年代以后的经济腾飞,而且也为 CIS 理论在韩国的应用提供了诸多保证。

1. CIS 理论在韩国的引入

20 世纪 80 年代以前,韩国由于缺少有影响力的自主品牌,故一些高端产品经常冠以国外的品牌出口,成为了国外知名品牌的主要加工国,为此国家和企业都蒙受了不少的损失,由于缺少有影响力的民族品牌,韩国一度被一些经济发达国家视为廉价的加工厂。对此,韩国政府在 80 年代提出了"振兴大韩民国,重塑大韩民族形象"的主张。在政府的倡议、鼓动与扶植下,韩国的一大批本土企业积极响应。为早日打造出在世界上有影响力的自主品牌,韩国的一批企业在实现产品升级换代的同时,开始引入 CIS 理论,进行自主品牌建设。在这种指导思想的引导下,在政府与企业的共同努力下,短短几年时间,一批有世界影响力的企业迅速崛起,而它们的品牌影响力和形象感召力,也同时得到了世人的广泛关注与认可,如我们所熟悉的三星(图 2 – 18)、大宇、现代、LG 等。

图 2 – 18

2. 韩国应用 CIS 理论的主要特点

韩国的 CIS 基本体系及操作与日本有明显不同。首先,韩国是以政府行为来带动企业行为,这种运作的起点很高,而实践证明这种以政府为主体、以国家和民族形象塑造来带动企业形象提升的做法,是行之有效的。其次,政府明确提出了"教育立国,素质强国"的国家发展及形象塑造理念。韩国政府以教育为先导,通过国民整体素质的提高来带动国家形象的改变及相关行业的发展,这种从基础和根本抓起的做法,不仅实现了预期的目的,且有着长期性和稳定性,很值得我们学习。第三,韩国注重将民族文化、民族特点与形象塑造有机结合,并最大化地发扬民族体系中的优良传统,形成有独特代表性的形象表现。韩国在应用 CIS 理论中,既不照搬美国的视觉识别设计中心模式,也不去仿效日本的理念设立与贯彻模式,而是集中以民族特点的应用来形成产品品质的升级,再以产品品质的表现形成特有的品牌概念,最终以品牌影响力来提升形象力。第四,韩国注重品牌化的形象营造与表现,通过行为的规范去塑造形象和构筑品牌。在形成品牌力上,韩国除注重提升生产者的素质外,还非常注重通过行为的规范效应来高质量完成各项的工作,而各项工作的高质量完成又进一步推进了最终产品的高水平和高档次。最后,韩国非常注重形象的传播与推广,特别是利用一些事件进行强势的公关推广。值得一提的是,韩国很好地利用了体育赛事的事件推广方式,通过三次重大的体育盛会——1986 年的亚运会、1988 年的奥运会(图 2 - 20)、2002 年的世界杯

图 2 - 20

足球赛,使国家形象与品牌影响力获得了整体与全方位的展示;结合之完美、手段之巧妙、效果之显著,令世人瞩目,值得学习。

(四)中国台湾对 CIS 理论的认识与应用

1. 台湾企业对 CIS 理论的应用及由此生成的理论体系

中国台湾因与美国的特殊关系使其成为亚洲接触 CIS 理论较早且应用范围较广的地区,台湾在 CIS 理论的引入与应用上经历了三个时期。

第一个时期是在 20 世纪 70 年代以前,台湾最早引入 CIS 概念的是台塑集团。其掌门人——董事长王永庆,大胆尝试 CIS 理论,聘请留学日本的郭叔雄为企业设计视觉要素,并用此视觉要素将所有关系企业结合起来,除了表现塑料制造企业可塑性的特征外,更表现出了企业将绵延不断地蓬勃发展的诉求。郭叔雄的设计获得了很大成功,70 年代中期台塑集团年营业额高达 16.5 亿美元,王永庆更登上了台湾首富的位置;更重要的是王永庆此举推动了 CIS 理论在台湾的落地及其后的盛行。

第二个时期是在整个 20 世纪 70 年代,由于台湾出口的大幅扩充,使一大批企业在拥有大量外汇的条件下,开始注重企业的形象包装,开始寻求通过提升视觉形象来实现市场扩展。故以 VIS 为中心的 CIS 操作方式在此时甚为流行,像味全股份、大同公司、泰山集团都是这一时期应用 CIS 理论的倡导者,同时也是大获收益者。

第三个时期是 80 年代初到 90 年代中后期,这是台湾应用 CIS 理论的高潮时期。此时,台湾一批企业在完成前期积累的基础上,开始向超大型企业迈进,其中的一些企业也在寻求海外扩张之路,特别是向正处于改革开放初期的大陆挺进。为建立有市场影响力的企业形象,这些企业必须要完成自身的形象提升,尤其是视觉形象设计,而 CIS 理论正符合这些企业的需要,所以形成了一个 CIS 应用的高潮。我们今天所熟悉的统一、康师傅、宏基等品牌都是于此时诞生的。

由于台湾中小企业众多,大多数企业缺乏整体形象力,因此,1988 年,当局通过"经济建设动员委员会"全面推动直属有关事业机构开展企业文化活动,鼓励岛内企业,特别是中小企业导入视觉识别系统。1989 年,台湾的"中国生产力中心"也积极推动 CIS 应用工作,一批企业纷纷通过 CIS 来改变自身形象,如台湾电脑巨头宏基更名为 Acer,仅聘请设计公司的费用就高达 400 万台币,加上全球的宣传推广费用,Acer 新标识所耗的费用总计超过 2 亿台币。宏基通过巨额投入,实现了向国际市场跨越的步伐。在政策的鼓励及企业的积极参与下,CIS 理论在台湾生根、发芽,并枝繁叶茂。

不仅如此,台湾在企业广泛应用 CIS 理论的风潮下,还培育了一大批 CIS 领域的策划与设计公司,其中较为知名的有廖哲去的风格、陈世伦的劳斯、魏正的艾肯、林磐耸的登泰等形象设计公司。CIS 专业社团组织还有"中国生产力中心、中华民国企业形象发展协会、外贸协会产品设计中心和自创品牌协会"等。总之,台湾在企业界、设计界乃至官方的支持和努力下,形成了具有自身特色和独到特点的"台湾 CIS 理论体系"。

2. 台湾 CIS 理论体系对大陆的影响

台湾 CIS 理论体系和操作模式受美国理论体系影响非常大,他们更多是沿用美国的 VIS 中心模式,更看重视觉要素的设计与表现力,故台湾的 CIS 理论基本上是一种设计与识别高度结合的体系。应用这种体系及模式,使台湾的一大批企业迅速崛起,一些大陆消费者熟知及深得喜爱的品牌的市场规模逐日扩展,而在大陆应用同样的操作模式却频现形体分离、形象虚假、形象致死的现象,这确实值得我们深思。

究其原因,在冷静分析后不难发现,台湾企业应用美国的 VIS 中心模式是具备一些基础性条件的。首先,台湾企业,无论大小,在儒家思想体系影响下,非常注重内功修炼,而且企业多以家族式经营为基本体系,在这种体系下,经营者更为看重家族名誉和家族形象,有着很好的家族文化传承。其次,经营者基于自身的成长环境与文化熏陶,普遍具有较高文化素质,非常看重自身形象在企业与行业中的影响作用。第三,在西方文化体系中以诚信为本的思维影响下,企业追求诚信发展理念,当局严格企业诚信体系的管理。第四,对形象造假者及利用虚假形象的欺骗者,当局有严格的行政与法律处罚措施,企业利用虚假形象从事造假和欺骗的成本很高,为此要付出倾家荡产的代价。第五,有限的地域空间无形中对形象造假者形成了制约,形成了一种在劫难逃的空间感,间接形成了对造假者的震慑。

对于台湾的这些基础条件,我们必须要有充分认识。显然,这些条件大陆当前不具备或者说不完全具备,所以如果不顾客观情况、不做具体分析,一味照搬台湾 CIS 理论体系和操作模式,必然会出现各种问题。我国一些企业在 CIS 操作上的失败教训充分证实了这一点,所以对一种先进理论的应用,必须静下心来,要对其进行深入细致的研究,决不能盲目照搬,同时在应用中必须要和国情及自身文化体系进行有机结合。

五、企业视觉识别理论的基本特征

所谓企业视觉识别理论的基本特征,是指这一理论体系本身所固有的内在规定性。这种规定性决定了我们在应用这一理论时,既要遵循这些特征的基本要求,又要使特征发挥出更大的效应。企业视觉识别理论的基本特征包括客观性、社会性、战略性、系统性、整体性、独创性、差异性、竞争性和稳定性九个方面。我们着重来探讨一下整体性、差异性和社会性这三个重要层面的问题。

(一)整体性的认识

在企业视觉识别理论中,整体性是一个非常重要的特性,同时也是一种形象塑造的本质要求。视觉识别的整体性从理论上看主要强调三个方面。

首先是组合的整体性。这种整体性要求整体与局部、局部与局部之间构成一种有机衔接。就好比一个人的形象塑造,穿西装表现的是庄重,所以鞋子就必须是体现庄重的皮鞋,如果是穿布鞋或旅游鞋,就体现不出庄重感,由此穿西装的整体性就会被破坏,形象塑造也就很难实现。所以,当企业欲通过视觉识别建立起一种特定形象时,所涉及的企业的各个层面,特别是外在层面,必须与形象诉求完整一致,并保持有机联系,否则很难形成形象认同感。

其次是结合的整体性。结合的整体性更多是强调思想、行为、视觉三者的一体化,即 MIS、BIS、VIS 三者的有机结合与整体划一。这种整体性更是 CIS 理论的本质要求。它重点强调的是,企业由视觉要素传递出的信息与企业的所有行为表现要一致化和一体化,如果视觉信息与行为表现分离或严重脱节,视觉识别不会有任何作用,甚至还会适得其反,这就好比一个人虽西装革履但张口却是满嘴污言秽语,他的视觉表现再好,也不会产生好的形象。所以这一特征告诫我们,只有表里如一、形体一致才能真正地生成形象感觉。

最后是推进的整体性。这种整体性突出强调产品与服务层面、企业基本行为表现层面、广告与公关宣传层面的一体化;这种一体化是建立企业识别系统并由此形成企业形象及品牌概念的保证。所以,在由企业识别建立起一种形象概念时,产品、服务、人员行为、广告、对外宣传等方面不能出现割裂及断档现象,涉及视觉识别与形象塑造的每一步工作,都必须做到、做深、做实和做透。同时,各种提升形象的手段之间,不仅要保持有机衔接,更要和企业的基础形象保持一致。

(二)关于差异性的理解

差异性不仅是 CIS 理论的一个重要特征,更是企业识别系统设计及形象建立的关键。差异性的内涵是指通过独创的设计和巧妙的策划,使企业或品牌形象有不同于同类企业的鲜明特点,使市场群体对企业产生出一种明确的分辨力和清晰的记忆力,以此在形成消费者主观判断的基础上增强企业的市场竞争力。

差异性具有很大的人为因素和主观色彩,它是建立在一种主观及有意识形成不同概念基础上的策划。我们看下面的案例:海尔、格力是我国空调领域的两大品牌,两家企业分别使用了不同的广告语,广告语既是一种市场推广的有效方式,更是一种企业形象与发展目标的再现。格力很长一个时期的广告语是"好空调,格力造",这一广告语在告诉我们企业努力打造一种平民化、稳步发展的形象。"未来的世界是什么样"是海尔在悉尼奥运会期间推出的广告语,这则广告语不仅道出了海尔高端产品的特质,更表现了海尔在引领行业发展中的行业领先者形象。两家企业主观制造出的差异化形象,不仅带来了高额的市场回报,更使其形象特征深入人心。正是有了企业和产品间的差异性及品牌的差异化概念,使得同一行业中的不同品牌有了各自的发展空间,使得不同的企业能够在激烈的市场竞争中获得生存,求得发展。

  差异性在很大程度上来自于独创性,所以差异性与独创性是紧密联系的。独创性也是 CIS 理论的重要特征,它更多强调要以创新的意识和指导思想,努力形成具有鲜明特点的形象特征,使企业及品牌在市场中具有个性感及感召力。只有独创、创新、有特征的形象,才具有强盛的生命力。我们所熟悉的美国咖啡品牌"星巴克",正是通过独创性而逐步走向成功及辉煌。星巴克的标志(图 2 - 21)是一个貌似美人鱼的双尾海神形象,这个标志是 1971 年由西雅图年轻设计师泰瑞·赫克勒从中世纪木刻的海神像中得到灵感而设计成形,这一独创的设计,使美人鱼的含蓄与星巴克所推崇的"崇尚知识,尊重人本位,推崇小资情调"的文化内涵相得益彰,置身星巴克,使人既品尝了咖啡,

图 2 - 21

更感受了一种独特的文化和情调。这种将产品与文化有机结合的独创性设计,使星巴克咖啡与品牌双双获益。

  坚持独创性必须努力做到坚持独创、创新、发展的形象设计指导思想,坚持与时俱进、开拓创新的意识;坚持创新与实际相结合的指导方针,独创与创新要与企业的实际紧密结合;坚持民族化、大众化、通俗化的设计理念,使企业形象扎根于土壤、成长于民众、发展于个性。

(三)关于社会性的解读

  企业视觉识别理论中的社会性在当今非常重要。社会性特征的内涵包括两个方面:其一是强调企业识别体系的建立应符合社会发展的主导方向,顺应社会发展的主流形态,不能脱离更不能逆向。在此突出强调只

有符合及顺应社会发展方向的企业,其识别体系才能很快建立起来,其形象才会日渐高大起来,如蒙牛乳业之所以能在短时间里建立起良好的市场形象并取得不俗的市场业绩,与企业提出的"喝出健康、关爱消费者、关爱社会"的目标追求,以及顺应社会发展,符合时代要求的产品策略有着密切的关系。其二是强调企业识别体系及形象诉求,要起到推动社会进步、引领社会文明发展的作用。从理论上讲,企业形象对社会文明的推进及社会形象对企业发展的推动是相辅相成的。企业形象越是良好和可信,社会风气及文明程度就会越加提高;而社会风气及文明程度越是优良,企业的生存环境就会越加宽松和适宜,企业做好产品,提升产品档次的信念就会越高。否则,假冒、伪劣、"山寨"、低端等不良及违法行为就会充斥于整个市场,就会大大制约社会的文明程度。

客观地讲,当前我国的市场风气是非常令人忧虑的,对比计划经济时期的企业文明度与产品诚信度,今天的社会状况甚至有了很大倒退。回想一下,即使在一个物质极为匮乏的时代里,也从未出过地沟油、三聚氰胺牛奶、瘦肉精猪肉等严重违背社会文明的事件。社会形象的衰退,遭到质疑、败坏的后果是非常严重的,其影响的时间又是非常长久的,而一个企业形象破损的危害力,往往不仅局限于企业层面,它对一个地域乃至一个国家都会形成很大的伤害,这种伤害甚至会严重制约国家与地域层面的经济发展。所以,在我国企业谋求世界市场发展的今天,在我国深化经济改革的时代里,CIS 理论中的社会性特征必须引起我们的高度重视。

第 三 章

企业视觉识别在我国的实践

一、视觉识别在我国的历史实践

（一）龙凤视觉图形的产生

中国是世界上较早应用视觉识别系统的国家之一。提到中国的视觉要素我们自然会联想到龙和凤（如图3－1）。尤其是龙，龙的形象是中国古人对鱼、蛇、牛等动物及云、雷电、虹霓等自然天象模糊集合而产生的一种神物。人们以现实生物和自然天象为基础，将自己的对身外世界的畏惧、依赖、疑惑、想象、崇拜等，贯穿、投注和体现到龙的模糊集合中。

图3－1

1. 龙的视觉图形可追溯到遥远的史前文化

传说中的各种各样的龙其实都是远古时代中华民族的图腾。人们推测，以蛇为图腾的部落不断战胜与融合其他部落，由此逐渐形成了华夏大民族，他的图腾也兼取被融合部落图腾的特点，以角似鹿、头似牛、眼似虾、鳞似鱼、身似蛇、足似鸟，最后拼合成中华民族共同崇拜的视觉形象。

龙在中国传统文化中既是权势、高贵、尊荣的象征，又是幸运与成功的标志。龙之所以具有这种文化象征意义，是和传说及神话中龙在天则腾云驾雾，下海则追波逐浪，在人间则呼风唤雨的无比神通有很大的关系。但更重要的是，龙长期以来为中国最高统治者所独享，是皇权的代名词，因此，皇帝自比为真龙天子，身体叫龙体，衣服叫龙袍，坐椅叫龙椅，车船叫龙辇、龙舟。总之，凡是与他们生活起居相关的事物均冠以龙字，以示高高在上的权威。

在中华大地上，到处可见与龙相关的概念，从划龙舟、舞龙灯到龙的绘画、龙的雕刻、龙的旗帜等。龙形象与感觉已深深扎根在中国人的心中，成为了中华民族的象征。由此龙的图形便成为我国历史上重要的视觉要素（图3-2）。

图3-2

2. 凤有着更多世俗的人情味

古话称"有凤来仪、凤凰于飞"，这种理想的灵禽历来被当作吉祥幸福的化身，并且还象征着美满的爱情。龙凤呈祥的主题在宫廷艺术中非常多见，龙凤配的图案在唐代以后广为流传。它不但象征帝和后的权威，也象征着人间所有夫妻的美满结合。可以说，龙凤图案是中华民族最有代表性的形象符号，是美妙的艺术形象。今天无论是龙还是凤，以及又龙又凤的图案，不仅在建筑、雕塑、绘画和工艺美术等领域获得了无限的艺术生命力，在企业视觉要素的设计上也为人们广泛采用。

（二）龙凤视觉图形的广泛应用

图3-3

我国很多的老字号都非常喜欢用龙或凤的概念图形作为视觉要素的背景或底衬。这些企业选用龙凤图形，除了表示吉祥概念、体现实力感外，还在于营造出特有的文化概念，如图3-3的"老凤祥"就是应用了凤的轮廓造型作为视觉要素主体。老凤祥金店创建于1848年，2013年以销售额249.97亿处于行业领先地位。其创新、精致、标准、服务的发展追求始终浸透在企业中,构成了其特有的文化品位。视觉要素不仅用凤展现了企业崇尚精致、追求完美的特质,更表达了企业向更高目标追求、不断攀登的信念。而由企业行为与视觉识别所构建的字号文化使其赢得了更多的消费者,"老凤祥首饰,三代人的青睐"正是消费者对这一品牌钟爱的集中表现。

　　同仁堂的视觉要素更是一个典型的龙图形的运用(图3-4),两条龙腾飞在同仁堂三个字的两侧,不仅宣告出企业要像龙一样腾空飞舞、图腾向上,誓为行业龙头的发展目标;而且与同仁堂的字形相得益彰,直接传递出了企业同心同德,仁术仁风的追求,表达了企业以提高人类健康水平和生命质量为己任,坚持以义取利,以诚守信的经营之道,以爱国爱人之心,仁药仁术之本,取信于民,造福人类的发展理念。图形中龙的应用起到了很好的渲染与

图3-4

烘托效应,不仅表现出了企业的实力感,更将人们对龙的概念与期盼融入到了品牌概念中。

　　我国历代封建王朝对视觉识别是非常看中的,视觉识别体系在我国历代王朝的衣冠服饰、朝廷仪式、婚丧嫁娶、典章制度等方面都有着完整的应用体现。在各种宗教的着装、日常活动、朝拜朝圣、神灵转世等方面也有着大量视觉识别系统应用的呈现。而在经营领域的典型应用则是北宋时期山东济南刘家铺的白兔标志,如图3-5。虽然这个图形照今天的视觉识别标准仍有差距,但它在距今1 000多年前,就能用具象法的手段设计标志图形,用视觉语言来表达产品特征并由此形成视觉识别,已经很值得称颂了。960年,我国著名的

图3-5

《清明上河图》问世,图中有着大量的关于店铺招牌、商品包装的图形,这足以说明我国在历史上,就对视觉识别非常重视并已开始广泛应用。

(三)视觉识别在我国近代企业中的应用

视觉识别被我国企业有目的、有设计地使用是从近代才开始。随着生产规模的扩大、市场范围的扩展、生产同类产品企业的增多等市场因素的影响,我国近代一些工商企业对企业视觉要素及视觉识别系统的作用日益重视,它们开始主动设计出一些能产生识别效果的视觉图形,并将其用于产品包装和企业店面等领域,以此扩展市场。但它们应用视觉要素更主要的目的是要形成字号概念,用字号进行市场宣传的同时进一步实现家族式的发展。表3-1为2012年中华十大老字号。

表3-1

2012年排位	字号名称	诞生时间及地点	主营产品	视觉要素
一	双妹	1898年 香港	化妆品	
二	张小泉	1663年 杭州	剪刀	
三	同仁堂	1669年 北京	中药	
四	茅台酒	1704年 贵州茅台镇	白酒	
五	谢馥春	1830年 江苏扬州	化妆品	
六	老凤祥	1848年 上海	服装、饰品	

续表

2012 年排位	字号名称	诞生时间及地点	主营产品	视觉要素
七	全聚德	1864 年 北京	餐饮	全聚德
八	张裕	1892 年 山东烟台	葡萄酒	CHANGYU since 1892
九	上海冠生园	1915 年 上海	食品	生 冠生园®
十	蝴蝶缝纫机	1919 年 上海	机械	

这里有些字号我们耳熟能详,如同仁堂、老凤祥、全聚德、茅台酒;有些字号我们则比较陌生,如双妹、张小泉、谢馥春。

1. 双妹

1898 年,广生行创始人冯福田在香港创立了化妆品品牌"双妹"。1903 年双妹进驻上海,在塘山路成立了上海发行所。七年后双妹入驻南京路 475 号,占据了当时最高端的时尚地标。1915 年双妹不负众望,斩获美国巴拿马世博会金奖。民国时任总统黎元洪为其亲笔题词"材美工巧,尽态极妍";而当时的巴黎时尚界用"VIVE(极致)"盛赞双妹的完美。20世纪 50 年代中国公私合营之后,双妹在大陆逐渐停产。直到国货潮兴起,上海家化于 2010 年重新启用了双妹品牌。

2. 张小泉

明崇祯年间,徽州黟县人张小泉率子张近高来杭州大井巷生产祖传剪刀,因采用浙江龙泉的好钢作原料,打磨工艺又精湛,样式精美,经久耐用,因而远近闻名。这时它的牌名还是"张大隆"。直到清康熙二年(1663 年)才改名"张小泉"。乾隆年间,张小泉剪刀已列为贡品。1915 年曾在美国巴拿马世博会上获得银质奖章。民间久有"南有张小泉,中有曹正兴,北有王麻子"的说法。1956 年,在毛泽东的号召下,中央政府拨款

40万元重建杭州张小泉剪刀厂。在张小泉几代继承人的带领下,年产量最高曾达到4 200万把。时至今日,它的产品种类已发展壮大,包括家用剪、工农业园林剪、服装剪、美容美发剪、旅游礼品剪、刀具系列等共100多个品种、400多个规格。张小泉在中国国内市场覆盖率和占有率一直居同行之首,同时产品还远销东南亚、欧美等地区。

3. 谢馥春

清道光十年,江南扬州一家香粉铺子的鸭蛋粉面世,飞速传遍大江南北,被奉为清廷贡粉。这家香粉铺子就是谢馥春(图3-6)。1915年,谢馥春曾荣获美国巴拿马万国博览会的银质奖章,成为当时的中国化妆第一品牌。

图3-6

尽管我国历来对视觉识别体系所产生的作用比较重视,但更多是通过视觉形象的反射力来直接透视地位、官位等内容。而在利用视觉形象所产生的市场效应方面,我国的成功经验和典型案例则是较为匮乏的。我国历史上的老字号企业,虽然已经意识到了视觉识别的特定作用,但从视觉要素的表现形态来看,几乎都是以字形符号为主,由表3-1的十大老字号的视觉要素可以看到,只有双妹、茅台酒和张裕采用了以拼音为主导形态的图形,其他七家企业一概是以汉字字体为主体形态,由此说明,字形符号在我国企业的视觉要素中占有绝对大的比重。

二、字形符号在我国广为应用的深层诱因

（一）字形符号的理论解析

字形符号一般是指用特定字体构成视觉要素,字体的组合与变形设计为视觉要素的主导形态。由于字体具有较强的可读性,由此使字形符号的记忆与识别功能大为增强。在市场群体观察这些视觉要素时,往往会在潜意识中将字体在心中默念,这就在不经意间加深了对企业名称及品牌概念的记忆,企业也由此更直接表现出了自身的归属与特点,这种符号在强化品牌概念,提升企业归属感及文化构建上有着显著作用。

字形符号大体分为四大类。第一类就是传统的直拼型,如同仁堂、全聚德、老凤祥等。第二类是缩拼型,主要是用汉字、汉语拼音或英文的字头拼写而成,如 IBM、惠普、通用等。这两种类型的共同特点是字体形态直接外露,同时可以读出音,它们的设计上难度相对较小。第三类是字图型,此类字体开始向图形转变,用字拼出一个特定的图案,但字的外形或轮廓仍然可以看到,如:韩国的 LG,中国的中国移动、五粮液(图 3 - 7)等。第四类是图字型,在这种类型的图形中,尽管图形仍然是用字体构成,但字体的原型基本被破坏,需要破图才能看到字体,如红豆制衣(图 3 - 8)、丰田汽车的视觉要素。

图 3 - 7

图 3 - 8

四种类型比较而言,前两种有很高的可读功能,因而容易形成记忆,

但视觉效果较为一般,视觉吸引力和冲击力都比较低。后两种在视觉吸引力和冲击力上有明显提升,因而会扩大视觉识别的市场效应,但在形成企业归属感和文化内涵上,明显低于前两种,后两种在设计的创意思维上显然已有了很大的提升。

(二)字形符号在我国传统企业中广为应用

我国历史上的民营企业及老字号在视觉识别以及企业视觉要素的设计上非常强调汉字字体的应用,如张小泉、谢馥春、同仁堂、内联升、瑞福

图3-9

祥(图3-9)等。视觉要素在形成中有明显的三大特点:一是用汉字字体构成图形的基本结构;二是图中的汉字尽管有所变形,但字形基本没有破坏,所以图形可以被直接读出音;三是视觉图形的图案多数是与传统文化中的吉祥图形——龙、凤相结合,因而画面比较繁琐,视觉冲击力低。

比较国外企业的视觉要素,我国企业更为强调视觉语言的组合与多重含义表达,希望在图形中传递出与企业相关的多重信息,如名称概念、产品特征、实力表现、发展目标、所在领域等。这在很大程度上形成了视觉要素的画面效果,甚至有些视觉要素就是一幅完整的图画。而这种赋有画面感的视觉要素直接阻碍了人们对企业主体信息的解读,由此造成了一种视觉混乱,这无形中为视觉识别及形象概念的建立制造了障碍。

我国企业在图形的色彩运用上,暴露出两个明显不足。其一是不能形成色彩与形象识别的有机连接。在一种特定形象的塑造中,色彩起着非常大的作用,无论是由色彩产生的形象识别端,还是用色彩形成的形象记忆端,色彩在表达形象特征与传递形象特质上都具有高于图形的效果。每当我们提起IBM,人们自然会联想到蓝色,而提到可口可乐,也许人们会记不清字

图3-10

体、图案,但一定会把它和红色相连接。对比之下,我国企业在这种企业主导色的连接上相对较弱,当人们提到同仁堂、全聚德时,联想不出与之连接的固定色彩。其二是色彩应用过于丰富,国外企业一般都将色彩限定在三个以内,色彩基调非常突出,色彩对比非常强烈,品牌色彩十分明确,如百事可乐。消费者可直接由色彩辨别而掌握商品特质,具有较高的色彩视觉吸引力。色彩的大量使用,特别是色彩差异不大的使用,不仅不会提升视觉吸引与观赏效应,反而会直接造成色彩信息过量而导致的视觉拒绝。这种拒绝会直接导致视觉分辨度与记忆度的下降,使视觉传达受阻。

(三)字形符号在视觉识别与传播中的问题

1. 大量字形符号的使用直接造成了视觉信息的接收障碍

字形符号的接收需要突破文化和文字障碍,它首先要求接收者具有一定的文化基础,这在今天已不是问题,但在 100 多年前文盲遍地的中国,显然在很大程度上造成了企业信息接收的障碍;其次要求接收者必须懂得中文,要能从几个汉字中领会其意并看出深层内涵,这对今天企业面对全球的消费者而言又形成了一种障碍。所谓“不识字者不看,看不懂者不记”,这样的企业视觉要素很难形成识别和传播效果。

2. 字形符号与多重视觉语言的结合使用直接造成了视觉识别的弱化

由于记忆大多是作为图像及色彩储存在大脑中,而视觉记忆的主要依托为图形和颜色印象,所以不难看到,图形与色彩要素对受众的记忆有着强烈的刺激,并能形成深刻的信息存储。我国传统企业习惯于应用字形视觉要素,这就势必造成受众对视觉信息接收兴趣的减弱,由此也就使得视觉信息在大脑储存上的弱化;同时字形符号很难形成视觉信息在大脑中的混合储存,这种视觉信息接收兴趣的减弱及储存上的弱化,直接导致了企业视觉传达功能的减退,从而直接导致了企业视觉形象的模糊。

3. 大量的字形视觉要素给形象的跨地域与文化传播制造了瓶颈

以可口可乐和耐克为代表的国外品牌之所以能快速发展,并形成市场竞争优势,与其视觉要素所带来的跨地域与文化传播有着密切关系。

图形符号与字形符号相比,除了会增大受众的兴趣点与记忆度以外,还有一个重要特征就是可以形成市场群体的广泛认知效应。图形认知可突破地域、文化、学识等障碍,同时还会增大人们对视觉要素的兴趣度与吸引度,这无疑为视觉信息的快速传播提供了条件。国外企业大量应用图形传达,即使是以文字内容为主的视觉要素,如 IBM 也尽量进行图形化处理,由此形成了速率较高的跨地域与文化传播。所以,当 1723 年同仁堂开始供奉御药时,可口可乐还没有问世;1927 年回力鞋产品出厂时,阿迪达斯的问世还要再等上 35 年。但两个后于我们面世的品牌,早已世界知名且在引领行业发展,品牌价值远超我们。在此,企业视觉要素与视觉传达所发挥的功效不容忽视。

4. 我国企业在视觉识别中的多重色彩应用,无形中制约了形象联想并弱化了形象特质

国外企业在视觉要素的色彩选择上,首先力求最大化地彰显产品特质,如:可口可乐用红色是要将其追寻的"要爽由自己"的主张表现出来,百事可乐用蓝色是要将其追求的"渴望无极限"的理念尽情表达;其次是通过色彩产生形象关联,使企业形象及识别系统与某一种特定的颜色构成某种概念化的链接,即提到企业会自然联想到一种特定色彩,这种色彩的合理选择与联想,使企业识别效率大增,使视觉形象形成的速度加快,由此也加速了具有特质的企业形象的快速形成。进入 21 世纪后,由于人类接受信息数量的大增,使得人们处理与辨别信息的方式发生了巨大变化。这就使得信息输出端要采用更为合理和有效的方式。这种方式必须做到两点:一是信息的直观化,即人们通过对信息的阅读能快速地解析出信息的主导内容;二是信息的强视觉化,即信息输出端应具有强大的视觉吸引力及视觉美感。这两点不仅直接影响着人们的视觉阅读,而且直接制约着人们由阅读而形成的心理感觉,最终将左右市场群体的消费行为及对企业形象力的判断。

(四)字形符号在我国广为应用的深层诱因

我国传统企业及老字号对字形视觉要素的偏好,有其深层的历史及

文化诱因。

1. 传承文化思维的深度影响

在中华文化体系的主脉络中,世代相传的传宗接代文化占有重要位置,这种文化既包括对前人的纪念与缅怀,又包含将已有的成果延续与发扬,即使是度过了上千年,后人们也会清晰地知道这个企业的所归所属。从传承的角度讲,文字比图形具有更高的力度和效果,文字更容易将要传承的家族概念与文化内涵一语道出,更容易让后人了解企业的归属以及所拥有的渊源历史。而图形在直观表现企业归属、家族概念,以及对家族文化体系的传承上明显弱于文字,如图3-11吴裕泰的字形符号。

图 3-11

2. 官府文化现象的直接影响

长期的封建专制制度直接造就了中国浓重的官文化现象。所谓官文化,概而言之,是以儒家文化为内容的、经统治阶级确定的、为行使权力实施统治而服务的一整套政治管理的制度和思想。企业是否与官相通以及与官府的关系,直接构成了百姓对企业的态度,构成了人们对企业形象力的判断。如何来表现企业与官府及官员的关系呢——请官员题字,特别是请大官为企业撰写牌匾和字号,是显示自身与官府关系的直观体现。所以,从古至今,很多企业都希望能有官员和名人为其题字,而这种经官员题字的牌匾既是企业的名称,又浸透着一种形象力,它不仅体现出企业的名誉、地位、实力,更表现着企业与官府的密切程度,受这种官府文化现象的直接影响,字体视觉要素就构成了我国企业的主体。

3. 汉字字体文化的不同程度影响

我国应用的汉字字体构成了自身特有的字体文化,与西方应用的拼音字相比,汉字不仅有象形的成分,而且很多字既有音又有意,即我们所说的"有讲儿",一个字能讲出一堆的内容。例如"吉"字,其字形是由甲骨文字变形而来,上部意喻兵器,下部表示盛放兵器的器具,上下部合并表示把兵器盛放在器中不用,意喻减少战争,使人民没有危难,由此"吉"寓意"祥和安康、太平盛世"。受这种字体文化的影响,很多企业都希望通过几个汉字的使用,把企业的特征与追求更直观地表现出来,用字本身的寓意传递出企业的思想、理念与能力,如全聚德、同仁堂、鸿宾楼。显然这种由字体本身体现的深层含义,图形要素很难做到,即使有所体现也达不到字体所具有的深度和广度。

4. 表现与表达文化方式的间接影响

受儒家文化与佛教体系的影响,我国在表现与表达事物特征上与西方有很大不同。我们习惯于摆事实、讲道理,而且一定要把事实摆清楚,道理讲透彻。习惯于"论事要从源头说起,教人要尽量具体"。这就使得我们在表达事物特征的思维上,更多追求道明、说清、讲透、融会。所以,企业在应用视觉要素表现与表达形象特征时,就非常追求告知更多和更具体的内容。在将一种事物直接道明与讲清说透方面,文字显然比图形有一定优势。例如:"王致和"食品,如果只有图形上部,显然视觉感会增强,但表达关系就非常不明确,而增加了下面的文字,人们就会清晰地知道这个企业叫什么,是做什么的。但如果只有下面的字体,视觉表现力就会大大下降,视觉形象很难得到广泛关注。

三、视觉识别在我国计划经济时期的实践

新中国成立后,我国经济进入到了一个全新的发展阶段。尽管此时视觉识别理论尚未进入我国,但视觉识别的应用形态已生根开花,同时也诞生了一些优秀的设计作品及富有实效的典型应用。以铁路标志的设计为例,由"人"和"工"字组成的图型,简洁、明了、美观、大方,且朗朗上口,即有工人的画面,又有钢轨与火车头的寓意;整个设计充满力量,大有奋勇向前、势不可挡的视觉效果;而整个图形用红色表现,不仅鲜明醒目,更

寓意为共产党的领导,这一设计堪称杰作。而三个酷似毛线球的"纯羊毛标志"不仅产生了很高的产品视觉识别效果,而且很有力地推动了使用该标志产品的销售。

　　1951年红双喜香烟的商标设计成形,至今已有64年的历史。红双喜香烟的商标设计以传统"喜"字作为主题,整个字体以红底白边构成,给人非常喜庆祥和的感觉,非常符合我们中国人的喜好(图3－12)。喜在中国人的意识中本身就是一个非常好的概念表达,表示喜庆与吉利,该企业用喜字作为标志主题,加上红色的运用,非常符合中国人的审美观。这一设计在企业名称上也非

图3－12

常精妙,在思维联想上给人一种无限美好的遐想感,由此取得了很好的市场效果。

　　由于此时我国经济采取的是"计划定产、统购包销"的管理体制,企业生产管理中缺乏自主性,销售领域中基本没有竞争性,所以,企业对视觉识别的追求不高。这一时期在视觉要素的设计上,凸显政治元素的特征非常明显,同时图形在应用中国传统文化元素方面也较为突出。例如,中华牌香烟的标志,图形采用了天安门与华表的图形,直接催生了品牌德高望重、无与伦比的形象感(图3－13)。反观"凤凰牌自行车"的视觉图形(图3－14),更多应用了中国传统文化中的元素,不仅表达了企业要做精

图3－13

图3－14

图 3-15

品国货的信念,更体现了企业要像凤凰一样、飞黄腾达、造福民众、富强国家的发展目标,同时也很好地折射出企业要在行业里领先发展、引领潮流的雄心壮志。而红旗牌轿车(图 3-15)无论是品牌概念还是视觉表现,其政治色彩就更加凝重,更加具有时代特点。在此,视觉识别弱化了视觉要素的表现,而强化了品牌的概念表达,直接传递了出了执政党及国家的发展信念,由此不仅使品牌的定位提高,而且使其产品生产者的形象得以提升。

在计划经济时期的企业视觉传达上,企业视觉要素的传递方式常常被弱化,甚至有时会被忽略掉,我们更为习惯用典型人物作为视觉传达的载体,所以这一时期,我们不管是主观塑造还是客观产生,诞生了很多具有视觉传达效果及再现企业形象的先进人物。例如,大庆油田的铁人王进喜、北京百货大楼的张秉贵、鞍山钢铁公司的王崇伦、西北国棉一厂的赵梦桃等,这些人物或脸谱式的视觉表现,在产生高效识别效果的前提下,极大地提升了企业的知名度及整体形象。

在计划经济时期我们还诞生了诸如永久自行车、海鸥手表(图 3-16)、长城红葡萄酒、解放牌汽车、红双喜兵乓球等一批优秀的企业视觉要素的设计,这些设计在打造了一批自主国产品牌的基础上,也很好地支援了社会主义经济建设。但总体而言,受计划经济体制的影响,企业市场意识淡漠、竞争意识缺乏,对视觉识别与形象设计的重视程度不高,对此领域的投入更为缺少。受到传统的"好酒不怕巷子深"的企业经营理念影响,以及供需结构中供方为主导的态势,直接造成了我国绝大多数企业要么不做视觉识别体系,做也仅限于自身机体的提高层面,对视觉识别与视觉传达、视觉形象设计缺乏广泛应用。

图 3-16

四、企业视觉识别理论在我国的引入与实践

20 世纪 80 年代初期,改革开放的浪潮席卷中国,一些传统的制度被逐渐打破,一些传统的市场概念发生了巨大变化。企业竞争机制的引入、买方与卖方市场的转换、政府扶植行为的减少、品牌经营概念的提升,使企业深刻地意识到,仅有强盛的机体而没有独特的形象是不能在市场经济中立足的。塑造形象、铸造品牌成为众多企业的追求和期盼,而构筑企业统一识别体系的 CIS 理论很自然地被我国企业所接受,从改革开放的前沿地带——东南沿海地区登陆而进入中国内地。

(一) CIS 理论在我国的引入

1988 年,我国首家以 CIS 战略为经营观念的设计机构——广东新境界设计公司成立,并接受了广东太阳神集团的委托,为其创意、策划、设计企业的视觉形象系统。这可谓开创了我国企业使用 CIS 的先河,也在一定程度上标志着 CIS 理论从此进入中国。太阳神集团的图案设计以简练、强烈的圆形与三角形构成基本格局,用圆与三角构成对比中的和谐态势。圆形是太阳的象征,代表健康、向上的商品功能与企业的经营宗旨;三角形的放置呈向上趋势,是 APOLLO 的首写字母,象征人字的造形,体现出企业向上升腾的意境和以人为中心的服务及经营理念,以红、黑、白三种色彩,组合成强烈的色彩反差,体现出企业不甘现状,奋力开拓的目标追求(图3 - 17)。这一图形追求单纯、明确、简练的造型,构成了强烈的视觉冲击效果,同时也整体体现了企业独特的经营风格。

图 3 - 17

太阳神集团通过应用 CIS 理论设计出了有鲜明特点的企业视觉系统,并以此构筑了鲜明、统一的企业形象,通过企业形象对内实施经营管理的软控制,对外打造企业的品牌,实现了产品营销的快速扩展。同时太

阳神集团还通过大众传播媒介推出了各种专题公关活动及有特色的系列广告,这些举措使太阳神集团迅速提高了知名度,赢得了消费者的信任,以惊人的速度占领了广大市场,从一个默默无闻的乡镇企业快速发展为一个从饮料到食品、药业、房地产、对外贸易等领域的综合的大型企业集团。营业额由 1988 年的 520 万元增至 1990 年的 4 000 万元,再到 1993 年超过 12 个亿。

太阳神导入视觉识别系统所获得的巨大成功,引发了我国企业界、设计界、新闻界对视觉识别理论的高度重视,这一理论逐渐被企业家们认识和接受。理论界的专家学者也在高度关注的基础上,开始从不同角度探讨这一理论的功能与作用;设计界也由单纯性的制作跃升到市场策划层面。随着我国发展市场经济方向的确立,CIS 导入观念愈来愈受到我国企业的青睐,CIS 理论的应用在中国开始日益广泛。

(二) CIS 理论在大陆的广泛应用

1990 年的北京亚运会期间,健力宝等一批新兴企业几乎占据了所有最佳的广告空间,在各个令人瞩目的赛场,其醒目的标志和广告随处可见(图 3 – 18)。为此,健力宝集团公司付出了 1 500 万元的巨额费用。但不到数月,健力宝集团就在秋季广交会上,夺得了 8.5 亿的定单,而该公司在前一年的销售总量是 3.5 亿元。这是健力宝集团在应用 CIS 战略上的巨大胜利。

在北京亚运会之前,以体操王子李宁命名的李宁运动服装有限公司

图 3 – 18

也是借助 CIS 系统取得了成功。以体操王子李宁的拼音首位字母 L、N 所设计的视觉图形,具有一种飘逸中的动感,象征着企业运动、跨越、腾飞的形象,使李宁运动服装系列不仅一举走红,更产生出强烈的名牌效应。其后,李宁运动服通过合理的价格定位,专卖店的销售形式及 1990 年亚运会和 1992 年奥运会的强

势赞助,迅速成为国内体育服装与用品的第一品牌。

"中原之行哪里去,郑州亚细亚!"这一经典广告语在上世纪90年代初曾响彻大江南北。郑州亚细亚商场开业之初仅是个名不见经传的小商场,通过导入企业视觉识别系统,迅速成为名震大江南北的大企业。1992年官方评估机构给亚细亚的品牌估价在1 200万元左右,消息一经传出,马上有人愿出5 000万购买,这充分说明亚细亚形象已深入人心,身价倍增。在亚细亚的带动下,新飞电器集团股份公司、新郑卷烟厂、周口莲花味精厂等一批具有雄厚实力的中原企业先后实施CIS战略,在形象力不断攀升的基础上迅速壮大,企业知名度与日俱增。

北京的一批企业也在90年代初期先后实施了CIS工程,并取得了较好的效果。这里包括联想集团(图3-19)、四通集团、百花皮鞋、百龙实业总公司等。1993年,北京蓝岛大厦以开业为契机,委托北京广告艺术

图3-19

公司策划设计视觉形象,在北京国有商业企业中率先导入CIS系统,并一举获得成功;开业一年销售额就突破了5亿,跨入北京大型企业的前列。在20世纪90年代的中国,一大批企业通过CIS的应用,快速成长,迅速壮大,成为各自行业的知名乃至龙头企业。例如,浙江的康恩贝、杉杉、娃哈哈,广东的乐百氏、科龙、三九药业,北京的新大陆、中国国际航空公司,上海的宝洁、上海家化,等等。至90年代后期,中国企业对CIS的应用已如火如荼,由CIS应用而生根开花的企业不胜枚举。

1989年,杉杉品牌的创始人和缔造者郑永刚发出"创中国西服第一品牌"的誓言。在中国服装界,杉杉集团率先实施品牌发展战略;1990年提出无形资产经营理念;1992年构建起当时全国最庞大最完整的市场销售体系。杉杉把CIS导入作为实施品牌战略的第一步,1994年初,杉杉决策层决定请台湾艾肯形象策划公司实施CIS导入计划。经过艾肯设计专家的分析及与杉杉CIS委员会的商讨,把杉杉CIS导入目标定为:提升杉杉的品牌地位,提高杉杉的企业形象。同年6月28日,杉杉向社会发布CIS实施计划,启用杉杉新标志,并举行盛大的杉杉集团

CIS 标志发布会。如图 3 – 20 所示,在新标志设计中,字标部分保留了杉树英文 FIRS,字体设计回归正统拼写,字型从容流畅。这种流畅代表了杉杉服装独具匠心的剪裁,优雅典范,挺拔从容。图中间一道 S 形弧线,宛如流水环绕而行,亦如巨龙升腾而起,简约而潇洒,为杉杉增添了时尚色彩。

图 3 – 20

在我国企业界广泛应用 CIS 理论的同时,设计领域与理论界也在积极探索 CIS 理论在我国的合理应用问题。1991 年,深圳市在全国首次举办企业形象设计研讨进修班。1992 年,台湾设计人士 40 多人到深圳展示海内外 300 多件 CIS 作品。同年,中国工业设计协会设立企业形象设计专业委员会。1994 年,中国科学院心理研究所成立了 CIS 研究开发中心。

与此同时,大陆的众多高校,尤其是设计与新闻传播类的学校,纷纷开设 CIS 领域的相关课程,或以讲座的形式传授 CIS 的理论体系。厦门大学新闻传播系广告专业在 90 年代初期便将 CIS 的内容搬进课堂。同时他们还在 90 年代中期,编写了一套完整的 CIS 普及教材,这对大陆 CIS 理论的推广、应用和研究奠定了很好的基础。首都经济贸易大学是开设 CIS 设计课程较早的财经类院校,于 1996 年便在广告专业的教学中开设了这一课程,目前很多毕业生都在北京的广告和策划公司中担任着 CIS 设计、策划方面的重要工作。在企业界、设计界、理论界、教育界的共同努力下,CIS 理论在我国得以深入发展。

五、我国在应用企业视觉识别理论中的问题

（一）所存在的主要问题

纵观我国 CIS 理论的应用与发展，可以划分为两个明显的阶段。第一阶段是 20 世纪 80 年代初至 90 年代初，这是一个 CIS 理论的进入、学习、尝试与初期应用阶段。在这一阶段中，随着太阳神、三九药业、万家乐、健力宝、万宝、小霸王、杉杉、乐百氏、奥林、亚细亚等企业的日益崛起，CIS 理论一度被捧为无所不能的制胜法宝，被视为包治企业百病的灵丹妙药，在一些企业人士眼中，企业视觉识别理论甚至被神化了。第二阶段是 90 年代初至 90 年代末，我国企业界、设计界和理论界整体性陷入了一个 CIS 应用的迷茫、困惑和徘徊阶段。随着一批企业在 CIS 领域的高投入、低回报，高成本、低效益现象的出现，我国 CIS 应用中的一些深层问题日渐显现。而随着秦池、巨人、小霸王（图 3-21）的沉沦，以及一些先驱倡导与应用企业的低迷，企业整体陷入了 CIS 理论的迷茫与困惑期，很多人对这一理论由迷信、崇拜到怀疑，甚至否定，一时间这种被誉为神灵、法宝，被推上殿堂的理论一下陷入低谷。

图 3-21

归纳来看，当时在 CIS 领域的问题集中在三个误区。其一是认识上的误区，主要表现为把局部视为整体，即把 CIS 的整体理论视为视觉识别要素设计的单一理论。其二是操作上的误区，由于有了认识上的片面性直接导致了操作手段上的一些错误，把 CIS 领域中的 MIS、BIS、VIS 三位一体的整体化运作简单地归结为单一层面的 VIS 设计运作；在操作中，重规划、轻调研，重形式、轻内容，重设计、轻实施，重近期、轻远期；在很多 VIS

设计中过于美术化、局限化和模仿化。其三是效果上的误区,集中表现为过分追求眼前利益,抱有很强的急功近利心态;一旦看不到近期效果就全盘否定整个理论体系。

(二)透视问题之根源

造成这些问题的深层原因可以概括为这样几个方面:

1. 理论研究的滞后及理论与实践的脱节,致使不能形成理论对实践的有力指导

纵观理论研究与实际应用有三种组合关系:一是超前关系,即理论研究大大超前于实际应用,如数学与天文学的很多领域的基础研究已非常深入,但很多理论尚未转化到生产发展中。二是并进关系,理论研究与实际应用基本同步,如我们今天的通讯、电子等领域,一种新的科研成果出现的同时,与之对应的产品就已问世,而产品在市场中的应用情况,又将进一步带动与之相关的理论研究。三是滞后关系,即实践应用已广为扩展,而与此相关的基础理论研究却不能跟上及不能满足实际应用中的需求,由此造成理论指导的弱化。当前,我国在广告学、传播学和 CIS 理论的应用上,基本是处于最后这种状况。

CIS 理论在我国改革开放、经济大发展时期快速涌入,在前期应用中,更多的是被一些机体健康而形象不足的企业所青睐,并由此取得了一些明显的成效。于是,这种成效被一些人误以为这一理论能包治百病,造成了一种一拥而上跟随、出现问题后又一哄而散否定的局面。对一种新理论的认识需要一个尝试与消化的过程,同时还需结合国情对理论的适用领域、使用条件、成果判断标准等问题做出深入研究。显然,在这些方面我们没有静下心来、脚踏实地的完成,这与我们"只争朝夕求发展、一蹴而就奔小康"的发展理念与社会心态有直接关系。由此造成了当问题接踵而来之时,没有解决的良策,没有解释的答案,只有一片否定之声。

2. 对理论的先天错位认识,把 CIS 和 VIS 等同或混同,导致 CIS 操作手段混乱、效果不佳,甚至造成人们对理论的质疑、怀疑和否定

CIS 理论进入我国的来势猛、时间短,在我们还没有对理论进行全面

认识和消化的时候,一些重点强调 VIS 设计的先期应用者,已取得了快速的市场发展并由此奠定了良好的形象基础。这些企业的成功效应的误导及一些传媒机构的片面报道与不负责的扩大宣传,直接导致了人们把 CIS 和 VIS 等同或混同的错误认识,而一些企业经营者的急功近利及投机取巧心态等,更导致了这种错位认识的加剧。认识上的片面与错位直接导致了操作手段上的混乱,于是就出现了 CIS 治百病,CIS 万能解的极端操作,而当一批投巨资的企业所获得的只是低回报,甚至无回报的时候,人们不可避免地陷入了对 CIS 效果认识的另一个极端,以致对这一理论产生怀疑。

3. 专业人才的匮乏及从业者知识的单一化,使得 CIS 的操作很难进入到一个较高的层面,很难使理论进一步深化

由于 CIS 的操作有着较强的专业性和综合性,所以就此领域的专业人才而言,应具备经济学与管理学的基本理论知识,应具备经济学与管理学领域的有关方法和手段(如市场调查、消费者心理分析等),应掌握设计学与策划创意学方面的相关理论(如版面设计、色彩应用,活动策划等)。不仅如此,设计与策划人员既需要理性思维形态的分析与判断能力,又需要感性思维形态的策划与创意见解,同时还要有很强的项目执行能力。当前我国在这类人才培养中出现了,学校培养层面的单一化、片面化;学科归属层面的简单化、理论化;教师能力层面的书本化、表面化;行业应用层面缺少实战、简单模仿,这样很难产生高水平的专业人才。而专业人才的匮乏和素质低下又直接形成了对高水平 CIS 操作的制约。

4. 缺乏专业性的操作机构、规范化的操作程序、市场化的准入与评判体系,以及法制化的监督管理手段

当前在针对企业的 CIS 操作中,从业者与从业结构的规范度很低,操作程序也较为混乱且随意性较大,缺乏所谓规范的定式和标准的定律。从业人员五花八门、知识结构参差不齐,且人员缺乏踏实的心态与稳定的状态,行业运行更缺乏严格而有力的市场准入体系,以及权威性的资格评审体系。所谓的专家,要么是能说不能做,要么是能做不懂原理;而企业主心态往往直接左右操作机构与人员的运作模式,实际效果又很难找到

较为统一和市场化的评判标准,所以,当发生争议时,甲乙双方的利益都会受到损害。同时,行业监管与法律监管体系缺乏和滞后,行业发展很快,相应的管理措施明显跟不上,所以空子多,漏洞多,争议多,乱子多。

(三)解决之策

在冷静思考与分析后应当看到,由于我们对 CIS 理论缺乏整体的认识和深刻的理解,加之企业转轨中的一些体制问题、竞争公平性问题的影响,以及操作者的水平与能力问题,致使在 CIS 的操作和理论认识上还存有很多不足。如何破解这些问题呢?

1. 强化基础理论研究

加强基础理论研究及培养符合国情需要的 CIS 人才乃当务之急,首先要解决师资缺乏及师资水平低的问题。由于 CIS 的特殊性及对人员综合能力的高要求,当前在此领域的合格师资非常缺少,而高水平的师资更是奇缺。我国当前开设此类专业和课程的院校大多集中在艺术设计类和财经广告类,其师资很多都是从相关专业转换而来,所以教师必须根据专业和市场需要整体提高其专业水平。目前可以采取送出去、请进来、多交流、勤交换、互帮互助的形式提高教师水平。同时,在人员水平的提高上,不能忽略实践环节,CIS 是一个讲实践、重实战的领域,仅有基础理论是不够的,所以,教师必须定期参加一些实践性的项目,做一些有实际挑战性的企业项目,只在纵向课题中研究是不够的。

2. 强化专业人才培养是事业发展的关键

就 CIS 领域而言,复合型与创新型人才的培养是重中之重。对此我们必须转变以往的人才培养观念和模式,要深刻理解复合型与创新型人才是一种懂理论、重实践、能应用、有创新的综合性人才;要改变传统的教室型、书本型、记背型、应答型的人才培养模式;在强化基础理论阐述的基础上,必须加大应用与创新领域的训练,要把基础理论掌握与创新性相结合的能力提高,作为人才培养的重要环节。同时,还要不断提升教师的复合型与创新型人才培养意识。开设 CIS 及相应应用课程的学校,应对教师在实践与创新领域提出一些硬性的要求,同时在考核及职称评审上要加大这方面的考核力度。

3. 加强市场监管是解决当前 CIS 领域各种问题的一个重要的手段

实施监管重在做好两方面的工作:其一是制定市场规则,建立监管依据,对此要逐步完善该领域的管理条理,并逐步走向通过立法来实施监管的方式。目前在该领域的法律极其缺少,即使已有法律也与实际需要有很大距离,所以形成了很多真空地带。其二是形成监管体系,加大管理力度。有法可依还必须执法有力,和我国众多领域的监管一样,当前在 CIS 领域的监管体系和执法力度还非常欠缺。就监管体系而言,要逐步建立行业监管和市场监管有机结合的管理网格,形成行业、经济、行政、法律多种手段相结合的立体监管防护网。

图 3 – 22

中国经济正在迅猛发展并有着良好的发展前景,顺应这一发展趋势,CIS 理论完全可以成为企业发展的有力推动器。中国企业在走向国际化,同时也在塑造着品牌,ICBC——中国工商银行(图 3 – 22),2013 年以 411 亿美元的品牌价值不仅位列世界五百强,更成为全球品牌价值排名第十六的企业。CIS 理论顺应中国企业国际化发展的潮流,可成为品牌塑造的重要手段。国际间的竞争在日益加剧,而企业导入 CIS 能够有效地提高竞争力。中国的市场经济体制在不断完善,这无疑将会为企业进行 CIS 理论实践提供良好的市场氛围;中国的法制建设也在不断加强,重形象、守诚信在日益成为社会的主流。中华文化向来有讲道德、重诚信的传统,这无疑是 CIS 理论发展的良好社会与文化基础。中国 CIS 理论发展的核心是"探寻中国式的发展道路";这是一个需要长期摸索、探寻的过程,但只要我们坚持脚踏实地的精神,就一定能找出一条适应中国企业的发展之路。

第四章

视觉识别与企业形象及品牌塑造

一、形象的理论内涵

二、品牌及属性分析

三、形象与品牌的关系

四、视觉识别与企业形象塑造

五、企业形象设计的操作模式

一、形象的理论内涵

（一）形象的概念解读

形象通常被认为是一种感知，即一种物体或事物留给关注群体的直观感觉与思想心理反映；是一种针对具体对象在短时间里所形成的一种接受、认可、拒绝、排斥的心理过程。形象在形成过程中必须具备三个基本要素：一是必须具备对应物体，又称形象体；形象体可以是一个人，也可以是一个物品，还可以是一种具体的行为。二是必须要有关注体；关注体又称形象关注群体，一种形象通常是在特定的关注群体中才有作用，所以，有无关注群体及形象信息能否直达关注群体，是形象形成并快速发挥功效的必要条件。三是形象必须是整体化地接受才能真正成立。一种形象的塑造及市场认可，必须建立在整体化接受的基础上，所以言行一致、表里如一、形体相伴、思行结合是形象树立并被真正认可的基础。

也有理论将形象拆开分析。所谓"形"更多是指外形与外表，而外形、外表构成了总体形象中的印象与感觉层面，如企业规模很大、产品外观精良等。所谓"象"更多是指形的一种表现或深化形态，这种状态直接导致了总体形象中识别与接收层面的形成，由此会形成企业很有实力、产品很先进等形象判断。这种判断的基本前提必须是形与象统一化和一致化。只有具备统一化形象才能成立，才具有说服和感召效应，否则，非但形象不能塑造，原有形中的优势与特点也会化为乌有。

（二）形象的作用

我们为什么要研究形象及企业形象识别问题呢？根本原因是形象能带给我们很多独特的作用。这些作用可归结为无针对性的一般作用，以及有针对性的特殊作用。一般作用体现在六个方面。

1. 认知与记忆

这也是形象所具有的最为基本的作用。我们认识一种物品或事物，记忆一个人物或产品,最基本的辨别形态就是形象。这里的形象又分为表层形象与深层形象。表层形象是指物品或人物的外表,深层形象主要指物品或人物在某一方面的具体特征,如独特的包装、特殊的性能、习惯性的言行等。形象在形成人们认知与记忆过程的比重几乎达100%;而其中表层形象(直观视觉形象)占到83%以上。所以强化外表直观形象是提升形象认知度,强化形象记忆度的重要手段。

2. 区分与识别

这个作用是建立在上一个作用基础上的,是上述作用的一种延续。我们在区分与识别人物或事物时,在很大程度上源自于他的形象表现和特征。但这里的形象不仅限于表层形象(直观视觉形象),即所谓的形;而是在一定程度上与深层形象直接关联。由这种深层形象所形成的形象概念更能形成形象的区分与识别效果。区分与识别作用跟认知与记忆作用有一定的共同性,但第二个作用的主观性或目的性更强一些,即要由形象的区分与识别而达到某种特定的目的,产生某种特定的行为;而第一个作用一般不带有更多的主观性与目的性。

3. 引发关注

从心理学角度讲,富有美感的形象更能激发人们关注的意识和潜能。崇尚与追求美是人之天性,具有大众认可的好的形象,总能引发人们更多的关注和兴趣,这正是形象的作用所在。人们对自身所认可的形象总能产生出超高的关注度并表现出向往和追求的心态,这种心态的形成一般是由视觉关注开始,再延伸到心理关注,即由感性关注再到理性关注,直至一种关注下的喜爱,甚至是一种爱屋及乌式的喜爱形态。所以,形象的本质特征,以及人们塑造形象的本质目的,在很大程度上就在于用形象引发关注。而从视觉层面将形象进行唯美与完美化的设计,是引发关注的重要前提。但要注意,若只注重视觉层面的唯美化,而忽视内在层面的提升,所引发的任何关注都将没有意义。

4. 诱发欲望

这个作用与第三个作用有相同之处,其理论根据是一致的。所不同点在于更加强调用形象来增大和增强人们的心理占有欲及情感满足,所以对任何企业而言,形象设计的直接目的就在于更多激发人们对产品的需求与占有欲望。

5. 规范行为

这是形象的一种高级作用或曰作用的高级层面。它集中体现在具备一种良好的形象后,形象便直接构成了一种无形的行为标准,这种标准将会对形象体系下所有人员及其行为形成一种无形的制约,所有人员的行为必须在符合这种形象的标准下来完成,否则人们就会用形象标准去否定你或你所在的部门。所谓无形标准更多指一种与形象相对应的概念体系。例如:共产党员的形象,自然会受到党员形象的标准及概念制约,就必须"吃苦在前,享受在后",而若不能以此标准自律,人们就会产生出一种不良的形象认定。形象的这一作用为我们应用形象实施管理开创了条件。

6. 追求体现

形象能直接反衬出诉求者的目标追求,而这种由形象诉求所直接表达的追求体现,能更直接与具体地体现出形象诉求者的发展目标。海尔以其"真诚到永远"的形象追求体现,使人们对海尔的"造国货精品,真诚服务每一位用户"的形象目标有了更为透彻的认识,这在很大程度上推动了海尔形象进一步升华,由此也带来了品牌的提升与市场的扩大。

在这六个作用中,一、二可视为一般作用的初级形态,三、四是中级形态,五、六则是高级形态。这三个级别形态的作用是彼此相连,紧密结合的。其中一、二、三、四的作用形态是任何形象诉求者都会追求的。三个级别间又是逐级递进的,即初级作用完成后一定要向中级作用攀升;但中级作用形成后是否递进到高级作用,则有一定的不确定性。有些在形成了中级作用后,对形象作用的追求就终止了,只有那些对形象有更高诉求的追逐者才会向高级作用迈进。

形象的特殊作用指在一般作用基础上,由某一特定形象所产生的特殊感觉与概念判断,由此感觉与判断,人们或形成一种共识,或达成一种认可,或凝聚一种精神,或生成出一种行为规范。这种形象的特殊性也可视为形象的独特功能。这些功能概括而论表现在四大方面:一是形象具有超强的识别力,可形成一种具体且有较高识别效应的形象判断;二是形象具有快速的传播力,形象可成为一种简便有效、速率较高的传播载体;三是形象有着非凡与直观的表现力,形象可将诉求者的诸多信息用一种人们认可及关注的直观形象直接表达出来;四是形象能产生一种直接与间接的行为规范力,由此使行为在保证企业目标形象实现的前提下,向更合理及文明的方向发展。

(三)形象的特征

形象不仅有着明显的作用,更有其鲜明的特征,把握好这些特征对掌握视觉识别理论意义重大。

1. 形象具有直观性

这是指形象可以被关注群体通过各种器官感知到,包括看、听、闻、意(感觉)等,如图4-1。在这些感知器官中,看,即视觉——直接视觉所占的比重或起的作用是最大的,所以强化视觉要素设计对形象的认知和传播有巨大作用。

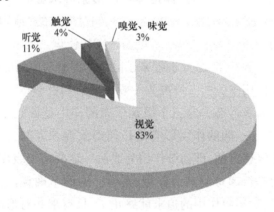

图4-1

2. 形象具有整体性

任何一种形象都可视为一个完整而相对独立的系统,形象只有被识别者整体地接受才能真正成立,才能具有力量和魅力。整体性主要强调两个方面:一是外在的整体性,又称组合的整体性。这主要强调形象概念与形象表现的一体化,如西装的形象概念是庄重,由此也就提出了整体化的要求,如果是只穿背心,甚至不穿任何内衣(光膀子)穿着西装,整体性必然会被破坏,形象诉求自然不会被认可和接受。二是内在的整体性,又称结合的整体性。这是形象树立并被认可的关键所在。内在的整体性更多强调形象诉求者必须做到内在品质与外部表现的一致化,即做到表里如一,只有如此,形象才能真正意义上成立。所以,就个人层面而言,其所言与所行要一体化;就企业而言,其包装与宣传必须与所提供的产品与服务相一致,并构成一个整体。

在理解形象结合的整体性时,还涉及一个形象认同效应问题。一般来说,形象外在表现越好,其形象社会认同标准就越高。简单讲,就是人们对社会形象较好的人或物的要求标准会更高。因此,对于企业而言,先进或知名企业的形象在社会认同标准上,一定会高于一般或不知名企业。对于先进或知名企业来说,要树立形象并不断提升,就必须在形象结合的整体性上做得更好。

3. 形象具有可塑性

形象是可以塑造的,形象塑造一般涉及四个层面的问题。一是形象塑造是一种取长补短化的、趋于完美的塑造,又称之为趋美化塑造。二是形象塑造必须是整体化与内外结合的塑造,这一点对于形象塑造及认可非常重要。由形象认可理论来看,人们对一种形象的接受、认可及概念定位,都是强调整体化及诸多领域的综合判断的,人们很少由其一点或几个方面而建立一种整体化的概念。对于企业而言,人们对其形象的认可更多是结合企业产品、人员、服务、外观、业绩、影响力、经营者等多层面的因素形成。所以无论是企业还是个人,在其形象塑造中,只注重外表美化而忽视其他层面塑造,以及不能将外表形象与其他层面的形象一致化,都很难将形象真正塑造起来。三是形象塑造要尽量保持与基础形象的一致化,形成在基础形象上的有机提升。同时尽量与人们已认同的形象概念相结合,保持一种形象认同上的一体化。四是形象塑造要努力做到在共性中建立个性,即我们通常所说的形成差异化与个性化的形象概念。

4. 形象具有分辨性

分辨性是形象所具有的重要特征,分辨性又分为直观性分辨与鉴别性分辨。直观性分辨多为一次性分辨,而鉴别性分辨多是一种接触性与重复性分辨。分辨性还可分为直接与间接的分辨形态。直接形态是我们对看到的形象所做出的直接分辨与判断。但在实际生活与市场营销中,人们对产品的分辨并非都是建立在亲眼所见的基础上,消费者对某种商品的判断与认同,并由此形成的购买行为,有时是基于一种形象的间接辨别而产生。间接辨别更多依托的是企业一贯的行为表现,以及人们对各种企业形象信息的感知程度,虽然人们没有直观看到或使用某种产品,但由于企业特定信息的传播及企业视觉信息的传达,一样会使消费者对企业形成某种形象概念的认定,会对企业或产品做出辨别和选择。由此可见,良好的形象对直接与间接辨别都会产生积极的效果,反之也都会带来不良的影响。

5. 形象具有同一性

同一性是一个较为深奥的理论问题,从表面上看,形象的同一性与整体性十分相似,但二者在内涵上还是有着很大的不同。整体性更多的是提出了在形象建立中的理论要求;而同一性更多的是强调在形象表现与维护中的理论内容。同一性指的是:当一种形象概念确立后,形象体的所有对外的形象表现,都必须在此形象基本标准之上来完成。市场群体对你所有的形象表现都会按一个相同的标准来要求。我们假设形象表现体系有十个领域,形象认可度是 80 分,那么这十个领域的每一项就都不能低于 80 分,若其中一项低于了 80 分,人们否定的就不仅是这一项领域,而是会否定形象整体,这就好似人们常说的木桶原理。所以,构成形象整体的任何一个或几个层面的提升,都有可能带动整体形象体的提高,由此促成某一种特定形象概念的形成。例如:技术先进、质量稳定、市场占有率大都可形成大企业与先进企业的形象概念,这些概念往往会给企业带来更多的发展机遇与市场空间。但在公司步入大企业与先进企业形象的同时,人们就在同一性上给你制定了较高的全方位标准。而你所有的工作就都必须在此标准之上来完成,其中任何一项的缺失都会导致公司整个形象的破损。形象的同一性的特征,既为企业形象提升提供了可选择与应用的手段,又对形象体的维护与再提升提出了理论上的更高要求。

6. 形象具有竞争性

拥有良好的形象,无论对于个人还是企业,都会获得比他人更多的关注,而高关注度正是引发人们重视、认可和喜爱的前提。所以,具备高关注度的企业形象比低或无关注度的形象而言,有更多的发展机会和竞争条件。形象只有由关注提升到认可,才能真正树立。形象的认可代表了公众从思想与情感上的接受,同时也实现了一种形象体与需求者的共鸣和共识。认可度的提升无疑将会大大提升企业的竞争优势。偏爱是在形象认可基础上的进一步升华,又称品牌钟爱效应。这种效应将会带来情感满足性消费、形象跟随性消费及形象追求与个性表达性消费等一系列消费行为。如果一个企业的形象在市场中形成一定的偏爱与忠诚,自然就会赢得比竞争对手更多的市场空间及发展机遇,这些必然会带来竞争力的整体提升。

二、品牌及属性分析

(一)品牌的含义

品牌的原意为"打上烙印",后引申为商品的标志或牌子。品牌一词最早源于古挪威语的 brandr,是人们为解决自身物品的归属而建立的特定概念和各种标记。例如:人们为了表示牛马的归属关系,常常用烙铁在其身上打上烙印;在奴隶社会,奴隶主也曾在奴隶的身上,甚至是脸上刺上一些独特的印记以说明奴隶的所属。为证明物品的产地或所属,生产者或出品者常常在产品的特定部位印上手印或给物品起一个有所归属而又好念好记的名号,这些都是品牌的形态。

在历经近 200 百年的演变后,品牌一词无论是内涵还是外延都有了很大的扩展。那么应如何定义品牌呢?美国西北大学教授菲利普·科特勒认为:品牌是一种名称、名词、标记、符号或设计,或是它们的组合运用,其目的是借以辨认某个销售者或某群销售者的产品或劳务,并使之同竞争者的产品或劳务区别开来。品牌应包含属性、利益、价值、文化、个性和消费者等六方面的内容。广告大师大卫·奥格威(D. Ogilvy)认为:品牌是一种错综复杂的象征,它是品牌属性、名称、包装、历史声誉、广告方式的无形的总和。品牌同时也因消费者对其使用的印象,以及自身的经验而有所界定。我国著名品牌学学者韩光军认为:品牌是商品的脸谱,它体现商品(或服务)的个性和消费者的认同感,象征生产者的信誉;它由品牌名称、品牌认知、品牌联想、品牌标志、品牌色彩、品牌包装及商标等要素构成。

从以上定义我们发现有三个共性:其一,品牌是企业利用一种名称、名词、概念、标记、符号和设计或它们的组合,以将自己的产品和劳务与竞争对手的产品和劳务区分开来;其二,品牌是以消费者为中心的概念,品牌的价值体现在消费者对品牌的情感认知中,体现在品牌能为消费者带来新的价值和利益上;其三,品牌具有独特的个性,附加和象征着特定的文化范畴,品牌能给消费者带来特定的属性,并通过属性和文化传递给消费者某种利益和价值,从而使消费者的个性在品牌个性中得到认同。

(二)品牌的表现形态

品牌可以理解为一个特定名称、名词或词组化的概念,如:奔驰、奥迪、IBM、联想、伊利、李宁等。在此,品牌是产品的代表或代名词,它直接反映产品的归属,以及通过特定的称谓在消费者心目中建立一种与某一产品直接相关的独特概念。当人们看到或读出这一词汇时,马上会联想到一种特定的产品或一个具有独特特征的企业。品牌也可理解为一个特定视觉化的符号,如图4-2。在此,这些视觉符号构成了品牌概念的直观

图4-2

与视觉表达,人们不需通过语言与文字记忆,只需阅读并记住这些有特定内涵的图形,便可实现对某一品牌的认识,由此达到对某一产品及提供者的识别。这种视觉化的形态为品牌在更广泛领域的快速传播提供了有力支撑。品牌还可理解为一个特定名称、词组与视觉化概念的重合,如图4-3。在此,品牌通过文字与图形的叠加,直观与整体化地表达了品牌的产品所属概念、企业特征概念、品牌实力概念等综合信息。这无疑为品牌的市场传播奠定了雄厚基础。

图4-3

由上述分析不难发现:品牌既是一种产品形态的表达,又是一个企业形态的体现;既是一种产品使用功能的反映,又是一种产品生产者实力的象征;既是一种帮助消费者鉴别物品的手段,又是一种体现物品拥有者地位、身份的方式;既是一种实现产品消费的窗口,又是一种传播产品的途径。所以,品牌拥有了更为深层的内涵,在此品牌拥有了更多的属性,成为了一种包含产品自然属性与社会(精神)属性的叠加体。

(三)品牌的自然属性

品牌的自然属性更多是以产品识别与品质表现为中心的概念体系。在此,自然属性更多强调两个概念表达。一是强调产品的归属关系,力求使消费者能直接从品牌的概念中解读出产品的出处、产地、提供者等。如茅台酒直接告诉你酒来自茅台地区;蒙牛乳业直接说明了是来自内蒙古的乳品企业。显然在这一属性的体现上,应用文字的概念式表达比图形表达更有效。二是凸显产品的品质特征,品牌无论是何种形态的表现方式,都在表现或传递着优质的产品质量、先进的产品性能、领先的科技应用、完备的服务保证等方面的概念。所以,品牌不仅具有强大的识别效果,更有着强烈的企业形象及特征诉求。具备这种自然属性可以使得品牌及所其产品,获得更高的市场关注度,具有更大的市场竞争力。

(四)品牌的社会属性

如果品牌仅有自然属性而无其他内涵,就不会激发出企业进行品牌化经营的欲望,也不会增强消费者品牌消费的信念。因此,品牌社会属性的重要性值得我们进一步解读。品牌的社会属性是以产品认可、偏爱及消费能力为中心的概念体系。社会属性的市场表现是消费者对品牌的偏爱及忠诚,而这种偏爱及忠诚又直接折射出了产品拥有者的财富、收入与地位,商品使用者的偏爱、性格与追求,产品生产者的实力、追求与形象,以及商品制造者在行业中的地位等众多内涵。显然,消费者在此看重的是很多产品质量与品质体系之外的概念,或者说品牌化消费并非是看重产品的使用功能,而是品牌对消费能力及个人实力的反衬效应。在品牌社会属性的综合体现上,品牌的图形表达形态要大大高于文字与概念式的表现。我们试想:如果一部手机的背面没有"苹果"的图形,如果一双鞋上没有"对钩"的图案,它们的市场关注度一定会下降,即使关注度不变,价格也一定会下滑,因为品牌的社会属性丢失了,消费者的青睐程度自然也降低了。

在理解品牌社会属性问题时,我们不仅要看到社会属性对市场及消费者的影响,还要注意到对企业内部及整体的影响,而这正是我们对企业视觉识别理论进行深度研究的重要目的。对企业而言,品牌的社会属性还表现在可构建及强化一种文化,形成品牌概念下的文化聚集及企业文化。品牌既是一种企业名称或产品特征的再现,又是一种企业形象诉求与发展目标的呈现。品牌在引导与诱导人们消费的同时,也在一步步加深人们对企业的认同及对产品的喜爱;同时企业也在用这种消费者的认同与喜爱,使员工获得更高的归属感及忠诚度,员工归属感与忠诚度的提高自然会形成对企业、品牌的爱戴,由此工作的主动性与自觉性必然会随之提高,而员工对企业发展的认同度与忠诚度正是企业文化构建的基础。全聚德是一个典型的利用文字及文字符号表现的品牌,如图4-4。品牌及视觉表现形式对企业文化体系的构建形成了直接推动,这一体系的核心就是聚德。由此聚德、重德、讲德、传德构建起了全聚德的品牌文化。为奉行与贯穿这一文化,全聚德从优质的选料到精致的制作,从丰富的菜品到优雅的环境,从周到的服务到得力的营销,始终围绕着这一文化体系运行。企业所言与所行的一致性,产品、行为与视觉的一体化,使品牌概念与视觉图形将企业所崇尚的文化尽情显现。由此可见,品牌既是对一个企业或产品的描述,更是对特有文化的一种传达。

图 4 - 4

品牌的自然属性可有力拓展市场空间,形成竞争优势,而社会属性又可最大化地建立稳定的市场环境,并留住并不断扩展需求群体。这种自然与社会属性的重叠,催生了现代企业的品牌化经营意识。

三、形象与品牌的关系

(一)形象与品牌互为支撑、相互渗透

品牌与形象,尤其是企业视觉形象之间有着密切的关系。首先,两者间互为支撑、相互渗透,品牌既是一种企业与产品概念化的表现,又是对企业形象力的整体体现,有品牌价值的企业,消费者自然也会认同它们的形象;而具备良好的形象,又会极大地提升品牌价值。在此,形象是构筑品牌的基础和保证,形象的有效识别度及关注度提高,可使品牌概念向更广的领域延伸,这种延伸既可使品牌的自然属性进一步强化,又可使社会属性不断深化。

品牌与形象是一种相互渗透的、"你中有我,我中有你"的彼此替代与

互换关系。例如:苹果、耐克、海尔,它们既是一种品牌概念,同时又是一种形象特征。但从形象理论上来看,品牌与形象的内涵所指是根本不同的。形象更多是指一种整体,非常强调整体性(无论是塑造还是传达),所以形象更多指国家、地区、团队、企业等。而品牌主要是指个体(局部),更多强调彼此间的差异化,同时品牌还强调突出某一领域、如质量、服务、价格、时尚等方面的独特概念,所以品牌更多是指具体产品和服务。由于品牌所表现的产品和服务是由特定的国家、地区、团队、企业所生产和提供,所以品牌在一定范围内就成为了这些领域的化身,即品牌构成了一个特定区域的表达载体,认可品牌自然也就代表了认同形象。例如:奔驰汽车是一个品牌,这个品牌不仅是奔驰公司的象征,在一定程度上又是具备优质性能的德国产品形象力的象征,在此,品牌不仅做了产品说明,更予以了一种形象的体现。而一种形象的认可,即一种对整体体系的认可,不仅可形成对某一种特定品牌的肯定,甚至可以延伸到对这个区域其他的乃至整体产品的认同。如我们曾听到的广告语"×××源自德国",还有曾经无比辉煌的词语"上海制造",都是在用形象来代替品牌。所以,品牌与形象间构成了一种内在的"你中有我,我中有你"的关联及替代关系,这种关系为用品牌表达形象及用形象说明品牌奠定了基础。而在企业形象的表达与体现上,视觉表现占有很大比重,发挥着很大作用,所以,视觉识别与企业视觉形象设计就成为了品牌及形象塑造的重要手段。

(二)形象与品牌互为表现、相互替代

品牌与形象的另一深度关系就是彼此互为表现和相互替代,品牌完全可以说明优秀品质的形象,而形象更可作为品牌拥有实力的体现。所以,在今天的品牌化经营时代,企业视觉识别及视觉形象设计就成为了构筑品牌力的重要保证,这种视觉形象设计的过程在很大程度上也就是品牌力的彰显过程。

尽管品牌与形象有着高度的互为替代关系,但二者在概念表达与认知程序上还是有一定差异的。品牌更多强调的是概念表达,由此更为突出大视觉中的听觉效应,强调从概念认知再到图形认知,即首先给出一个

明确的概念,再由概念延伸到图形辨解。如安踏与彪马,在这两个体育品牌的品牌形态表达中,首先强调的是名称概念,其后是由名称延伸到对应的图形,最终实现概念和图形的共同认知。所以,品牌的认知程序是概念加视觉,概念在前,视觉在后。显然在这种程序的表达与认知中,能读出音的字形视觉要素具有更高的识别功效,通过以读代记的方式,人们会很快对品牌形成认识并牢牢记住。

　　形象的体现方式与认知程序恰好相反,它更多强调图形表达,由此更为看重视觉与直观效应的体现,强调图形对视觉的吸引,通过图形记忆加深品牌认知,是一种由视觉记忆再到概念接受的认知程序。这种认知,首先是建立图形概念,进而延伸到图形破解再发展到图形识别和图形语言解读,最终用图形建立品牌概念体系。还是以安踏与彪马的图形为例,形象的认知程序与品牌的恰好相反,是一种视觉加概念的基本过程,是视觉在前概念在后。在这一程序的表达与认知中,具有高度视觉吸引和表现功能的图形要素拥有更好的识别效果,因为图形识别不受文化、地域、受教育程度等外界因素限制,不仅有着很高的受众性,还可实现跨地域与文化的视觉传播,其关键就是图形破解及解读的程度(图4-5)。而图形破解程度与快慢多与人们对图形的兴趣及接触的频次有关,与受教育程度和文化背景关系不大,图形破解并由此形成印象的难度远低于字形解读,所以只要对图形有兴趣或增多接触频次,图形破解会很快形成。如"禁止吸烟"的图形,当图形频繁在视觉中出现时,人们就会由关注形成认识,而一旦有了认识并形成了记忆,图形的表达功能及传播效应就会整体体现。由此,我们就会想到为什么很多国外品牌,他们起步晚却能快速发展,并

图4-5

能整体性地进入到世界市场,而我国的很多企业,特别是老字号企业在向海外市场发展中却困难重重。个中原因是多方面的,但上述的因素肯定是其中重要的一方面。

品牌与形象之间的这种互为替代关系,为企业通过形象提升品牌提供了路径。从消费者心智看,好的形象可产生对企业及产品的关注与认可效应,而好的概念(品牌力)又可形成对企业及产品更大的关注。如果好形象和好概念同时具备,无疑将形成消费者对企业的认可、关注和追随态势;这种追随的终极结果将是形成"固定的消费 + 不断扩大的市场"。

(三)形象可催生品牌并加速传播

形象尤其是视觉形象,可使品牌概念快速建立,形成一种催生效应,使品牌的传播空间和速率提升。催生的含义不仅强调结果,而且强调过程,品牌催生的重要前提是概念的快速建立及广泛传播,而由视觉识别所建立的视觉形象,正符合了这两点需求。

视觉形象表达是品牌建立的重要途径,视觉形象中的各种图形直接构成了品牌于市场中的诉求载体,也直接形成了与某一企业或产品直接相关的关联载体。由于人们对图形符号的接受与记忆程度大大高于文字和语言,同时图形有着很大的视觉吸引并能产生更高的关注度,所以应用视觉图形表达品牌概念,既能形成超高的市场关注,又能产生快速的识别与记忆效果,而关注与记忆的结果将是直接催生出品牌概念。

对于品牌传播而言,视觉图形有两大特征。

1. 图形可作为一种独立的传播形态而无需其他(如语言、人物、画面等)辅助手段

在传播中最为关键的是图形的解读与理解,所以对图形快速解读的创意设计提出了很高的要求,而一旦这种解读效应生成,品牌的传播速度将会大大加快。当看到奔跑的一只狼时,马上能识别出是服装品牌"七匹狼"(图4-6);看到带领结的兔子时,立刻联想到美国的服装品牌"花花公子"。这种图形独立化的视觉传播,使品牌传播空间与地域极大地扩展与丰富了。

图 4 - 6

2. 由视觉图形建立的传播实体可放置于企业的各种物品上

诸如建筑物、产品、车辆、工装、店面等,这些物品有些是静止状态,有些则是处于高速的流动。静止状态的会随时被流动的市场群体看到并由此建立品牌认知,而流动状态的更能触发更大、更多地域消费者的关注,形成更为广泛的企业信息扩散;而当市场群体有了图形解读后,品牌将会借助图形形象在市场时空中广泛扩展。回想一下,我们的有些老字号企业由于视觉形象模糊和缺乏,所以时至今日还不能做到家喻户晓,品牌影响力只是局限在特定区域,而李宁、蒙牛等一批品牌仅用几年时间便实现人所皆知,品牌影响力一下提升到国家乃至国际层面,除了产品自身的实力外,视觉形象所起的品牌传播作用功不可没。

四、视觉识别与企业形象塑造

(一)企业形象的理论内涵

所谓企业形象主要是指社会公众对企业的整体印象和综合评价,同时也是企业的各种有形表现在关注者心目中的直观反应。企业形象还可被认为是企业内外的公众通过企业各种表现体系,如产品特点、营销策略、服务手段、经营理念、价值观、视觉识别等,而建立起来的对企业的总体印象。企业形象在市场中的表现形态非常丰富且多种多样,其表现形态主要有:

1. 名称化形态

诸如老凤祥、海尔、宝洁、诺基亚、三星,其重点强调和凸显企业的名称。由于现在很多企业都将企业名称与产品名称相结合,所以名称化的形态逐步在被品牌化的形态所替代。

2. 产品化形态

其更多是用产品影响力来表达与说明形象力,这是一种最有说服力的形态,同时也是我国传统企业最习惯采用的方式,如云南白药、衡水老白干、金华火腿,不仅告诉你产品的内容同时还告诉你了原产地。应用产品化形态主要基于两个目的:一是强调产品的实力与特点,彰显与众不同之处,由此引发市场高度关注并形成市场卖点,同时希望消费者在产品应用的基础上给予广泛传播,虽然这种传播有很好的基础保证,但由于更多

图 4-7

是采用口碑式的传播方式,又大多建立在实际使用的基础上,所以传播的速率很低,空间也非常狭小。因此,云南白药从 1902 年出产,走了几十年才形成一定的市场知名度。二是一些产品不便于采用名称化形态的表现方式,如出产于广州日用化工二厂的黑妹牙膏。

在此,如果更多强化企业名称,往往会对产品形象带来负面效果,因为化工的概念总会令人形成一种有毒的联想,所以在此采用强化产品形象而弱化生产企业的做法,会对企业形象产生积极效果。

3. 品牌化形态

其又称概念化的表现形态,是以一种有极强市场号召和影响力的概念体系,综合表达企业形象力与基本特征的表现方式。这些概念有些与产品内涵直接相关,有些则没有任何关系,而是与企业领导者的目标追求、企业发展方向息息相关,企业力求以此概念快速形成市场关注度和认

同度。例如,奔驰、奥迪、佳能、长
虹、红双喜等,这些概念从词义上我
们很难一目了然知道产品内容,像
长虹和红双喜与所生产的电视机及
兵乓球间找不到任何直接关系,这
正说明了企业的品牌化形态更多是
一种企业目标、发展、追求层面的表
达。再如,奥迪的品牌标志为四个

图 4-8

圆环,表面上看不出品牌的任何特征,但它却代表着合并前的四家公
司——奥迪(Audi)、霍希(Horch)、漫游者(Wanderer)以及 DKW 公司,这
四家汽车公司于 1932 年合并为汽车联盟股份公司(Auto Union AG)。
1985 年,该公司改名为奥迪股份公司(AUDI AG),四个圆环体现着合并的
四家公司间的紧密团结,齐心协力生产高水平轿车的发展目标。

　　4. 行为化形态

　　其又称人员行为的表现形态。这种形态重在通过企业各种人员行
为的表现,整体及个性化地表现企业形象。首先我们必须看到,这种形
态对企业形象的表现及特征彰显极具效果。因为我们常说"说到不如
做到",亲身的感受和体验最容易形成感性与理性认识,最能使人做出
概念上的判定,我国工业战线的红旗"大庆"就有着很高的形象力,这种
形象力主要源自于大庆人的行为表现,来自于他们"宁可少活二十年、
拼命也要拿下大油田"的行为特征。行为化形态对于不同的行业和企
业而言,有着很大的差异性。通常情况下,对于行为体系直接对外的商
业及服务业企业而言,如金融、民航、旅游、零售等行业,有着非常高的
形象表现力,而对于以生产产品为主的工业企业来说,行为的形象表现
力相对较弱。行为化形态的形象表现既要注重形象力的表达,又要符合
行为的行业与市场化的基本要求,同时还要在符合这些要求的前提下尽
显个性特征。

　　5. 视觉化形态

　　其又称符号化的表现形态,它实际是名称与品牌化形态的一种直观

图形化表现,它是通过精心设计及赋有视觉语言的图形体系,将企业的各种信息,主要是形象诉求信息直观表达,同时借助图形的视觉吸引功效,使企业形象快速传播(图4-9)。在此,视觉要素不仅构成了与企业的必然联系,更成为企业形象的有效表达载体。视觉化形态是企业形象表现中最为丰富和有效的形态,这种形态主要是应用特定的文字、图形、颜色、象征物等,或是上述要素组合而成的特定图形和文字,又称之为企业视觉要素,直观与具体地表现企业的行业、产品、位置等概念,并直观表达企业的目标形象追求。

图4-9

图4-10可以看到,视觉化形态的主体是企业视觉要素,具体讲是狭义概念下的视觉图形,这些视觉图形形成了对企业信息的直接、直观与综合的表达,形成了对产品特征的直观表露,图形更多体现出了视觉要素所具有的表现与表达功能。

图4-10

(二)企业形象视觉化形态的特征

这些视觉图形在其创意设计过程中,主要是通过视觉语言将企业或产品的主体信息进行集中体现。所以,看似简单的图形却表现出了与企业直接相关的综合信息。对于不同行业与类型的企业来说,出于不同的发展目标、市场追求以及形象诉求,所表达的侧重点会有所不同;或是表现行业特征、产品特性等侧重实物形态的信息,或是表现经营思想、企业理念等侧重目标形态的信息,当然更多是以此体现企业整体形象与品牌力为主导的综合表达。

1. 视觉识别及视觉图形完整地实现了对企业视觉形象及整体形象的构建

例如,中国移动的视觉图形(图4-11)。一组回旋错落的线条组成了

一个网络结构,象征着移动通信的网络;线条纵横交错,首尾相连,其中包含了 China Mobile 的缩写 C 和 M 两个字母,寓意中国移动通信四通八达,无处不在。两组线条犹如握在一起的两只手,象征着中国移动通信通过自己的服务,拉近了人与人之间的距离;线条组成的图案位于圆形(地球)之中,取其意为全球通。视觉图形对企业追求、产品特征、发展目标给予了整体体现。

图4-11

2. 视觉化形态下的视觉要素,给市场群体快速识别及有效判断企业追求搭建了平台

在此,视觉要素最大化地体现出了识别功能,这些视觉语言高度浓缩的图形不再是一种文字与图案的简单组合,而是在完成企业信息表达的基础上,为市场群体对企业做出合理及理性的鉴别开创了通道。消费者完全可以通过对视觉图形的解读,建立起对企业及其产品的识别与判断,最终形成特定的企业形象概念。当这种概念获得广泛认可,即完全肯定时,视觉要素所形成的形象力将在市场中发挥出超大的作用。例如,宝马标志就是消费者对企业与产品形象做出肯定的重要依托,同时也是引发人们购买的直接动力(图4-12)。图形中间的蓝白相间图案代表蓝天、白云和旋转不停的螺旋桨,喻示宝马公司悠久的历史,象征该公司过去在航空发动机技术方面的领先地位,又象征公司一贯追求的宗旨和目标:在广阔的时空中,以先进的精湛技术、最新的观念,满足顾客的最大愿望,反映了公司蓬勃向上的气势和日新月异的新面貌。这一图形在市场的超高认可度,在给企业带来高大形象的同时,极大

图4-12

地推动了市场营销。

3. 视觉化形态也是企业形象力与品牌价值的重要表现手段

此刻,视觉要素不仅表现了企业的归属关系,更由精心设计的视觉图形,将企业形象的主体特征,特别是自身优势、品牌价值感、市场影响力等概念予以了直观说明,由此快速建立起了市场群体的认可、偏爱和追随。例如,香奈儿的标志图形(图 4 – 13),图形采用一正一反的两个英文字母 C 的叠加,将 Coco Chanel 直观表现出来,使其品牌追求的高雅、简洁、精美的风格尽情展示,同时更将品牌创始人香奈儿力求的简单、舒适、别致的设计思想充分展现。视觉图形在建立品牌概念的基础上,极大地彰显出了产品的品质和价值

图 4 – 13

感,同时更表现出了拥有者的一种精神追求,透视出了一种对生活的态度。1921 年,香奈儿推出了 Chanel No. 5 香水,香水瓶采用极具装饰艺术味道的玻璃瓶,这是史上第一个以设计师命名的香水。这瓶香水成为了 Chanel 史上最赚钱的产品,在为企业赚取高额利润的同时进一步使"双 C"图形成为时尚、品质、追求、实力等多重形象的诠释,使香奈儿品牌成为时尚领域的经典之作。

视觉化形态又是形象快速与广泛传播的重要方式。企业视觉识别在很大程度上实现了形象的识别、区分与关注效应,形成了市场群体由视觉图形对企业及其产品的认识、接受与追随,由此也使形象及品牌获得了快速传播。这种传播依托的主体媒介就是由视觉要素构建的视觉识别系统,在此视觉要素不仅将企业的概念(名称)体系进行了完整的表达和传递,而且还通过视觉要素的精心设计与视觉语言应用,将形象深层的内容予以了有效扩散。例如,蒙牛(图 4 – 14),

图 4 – 14

标志在设计定位上,首先明确了地域特征,其次强化了"牛"的特征。依据这两个特征,用一个类似圆形的图案代表牛角,图形又似一个月牙状,代表蒙牛产品是清真类的奶食品,牛角下面是用毛笔画出来的动感图案,代表着蒙牛如一头奔跑着的猛牛。图形的经典之处在于纯净绿色和白色的结合使用,寓意产品来自纯净的无污染的内蒙古大草原,同时也强烈表现出了企业的发展目标是"只为优质生活"。这一视觉要素由于图形内涵丰富,色彩应用准确、合理,所以为形象传播提供了有利条件。随着蒙牛大力推进视觉传播与公关传播,在短短的几年时间里,不仅家喻户晓,更成为了我国乳品行业中的著名企业。我们再回头来看老字号的云南白药,品牌从 1902 年问世到为人们广泛认知和认可历经了较长的时间。由于人们在认知品牌和认可形象时,会在很大程度上受制于对企业视觉要素的识别与评判,所以视觉化形态的企业形象体现不仅可形成品牌的概念认知,更能成为市场群体了解与熟悉企业,传递企业信息的直观载体。

(三)企业形象的其他表现形态

企业形象还可通过广告化形态,应用广告画面和广告语言进行形象的直观表达;通过活动化形态,利用有社会与市场影响力的公关活动,如赞助、公益、展览、文艺、体育等活动形式表达形象。近年来,企业形象的音乐化表达与吉祥图形化表达呈现快速上升趋势。音乐化表达又称音符式表达,它主要是通过音乐及歌曲的形态整体再现企业与品牌形象,它更多是从大视觉的传播层面,用听觉识别来塑造与传播形象特征,由于听觉识别不受视觉媒体的限制,所以它更具大范围的信息传播功能,而赋有直观视觉效应下的听觉,更容易形成人们的识别与记忆,有着更为强烈的传播功效。同时音乐化表达具有很高的艺术表现力,悦耳的音乐不仅可形成一种强大的美感吸引效应,而且还会由此形成强烈的模仿效应及深刻的记忆效果。这种形态的表达方式早在20 世纪80 年代就有所应用,如东芝、日立等所用的广告音乐;到90 年代,英特尔的音符传播形成了一种极具形象表现力的传播形态;近几年来,我国很多企业采用了广告歌曲的形象表现方式,如五粮液的"爱到春潮滚滚来"就是典型的音乐化表达形态,由此取得了很好的形象塑造与传播效果。

吉祥图形化表达属于视觉化形态的一种延续与深化,又称企业象征图形化形态。吉祥图形化表达更多是采用一种人为设计的带有吉祥化内涵的图形,寄托企业的发展目标和对事业长远稳定发展的期盼,以此表达企业及产品的状态与特点,形成在吉祥物传播与表达基础上的形象塑造。吉祥物的形象表达不仅能够将企业产品特点、目标追求、理念诉求、发展战略等市场层面的信息进行整体体现;而且还能将企业欲打造的文化氛围予以表现。最主要的是吉祥物以其特有的内涵表达与视觉吸引,可形成一种特定企业形象概念的建立与认同,此刻吉祥物成为了一个企业和一种形象的表达体。当这种表达体获得市场认可后,企业的市场营销力及竞争力无疑将会有极大提高。世界上开创企业吉祥物应用先河的是米其林轮胎,它的吉祥物——比邦多姆,从1898年诞生的那一刻起,就一直代表着企业形象,如图4-15。1894年,在法国里昂的博览会上,安德鲁·米其林被夕阳照射下的一堆轮胎的倒影所吸引,由此他产生了一个新的企业吉祥物的设想。1897年,在安德鲁与插图画家奥格·罗的共同创意设计下,比邦多姆的吉祥物形象就此诞生。从此,这个全身长满环形纹路、体型富态的形象便成为了"米其林先生"而被人们牢记至今。100多年过去了,这个憨态可掬、体态雍容的"轮胎人"不仅主宰着行业市场,更是引领行业发展的化身。

图4-15

五、企业形象设计的操作模式

（一）形象设计操作模式的含义

所谓操作模式主要是指企业形象设计与塑造的主导形态,即在完成一项企业形象的整体塑造中,围绕什么中心体系而展开,以及重点做哪些方面的工作。由 CIS 理论应用而形成的形象塑造的操作模式,受到两个重要因素的影响:一是受到政治、经济、文化、历史等方面因素的影响,这些统称社会性影响因素;二是来自民族习惯、传统、文化等方面的因素,统称民族与文化性影响因素。所以,首先要明确形象塑造的操作模式不是一个固定化及绝对化的概念;其次要清楚操作模式没有绝对的对与错、好与坏之分,只要它适合本国企业的形象塑造,利于市场经济发展就可以推行。从当前世界范围内应用 CIS 理论而形成的操作模式来看,大致可归纳为三种主导形态。

（二）以视觉识别为中心的美国模式

美国模式又称 VIS 中心操作模式,或称为设计型、识别型 CIS 模式及俗称的画脸式的模式形态。这种模式的主要特点包括:

一是从视觉统一入手展开 CIS 设计的各项具体工作,强调视觉设计各要素(标志、标准色、车辆、店面、工装等)在世界范围内的一致性和统一性。

二是导入 CIS 的直接目的是以形成具有鲜明特点的直观感觉形象为主体,以此产生明确的外观形象特征,达到对视觉的冲击效果,产生极强的分辨力和清晰的记忆力。

三是将理念融入日常的制度和条规管理中,以明确的制度和奖罚措施对行为进行规范管理,对各种行为的控制和奖罚有具体的和操作性较强的经济、行政手段,不过多从精神角度去控制行为。

四是 CIS 体系中各要素的内容、作用及操作手段表示得非常具体、系统和规范,便于操作,易于开展,同时十分重视形象的传播,对视觉形象在媒体上的传播尤为重视。

五是扩大销售,占领更广阔的市场是多数企业导入 CIS 的直接目的,所以 CIS 设计受产品营销导向影响很大,在利用其形成企业特定文化和士气感方面较为缺乏。

(三)以理念识别为中心的日本模式

日本模式又称 MIS 中心操作模式,俗称理念型、文化型 CIS 模式及"洗脑式"的模式形态。日本就其文化、历史、地域及民族特点来看,崇尚德与意的理解与升华,提倡对上的效忠和对信念的追求;注重对事物质的理解及对事物本质的提炼和升华。资源的匮乏形成了从业讲究德与道,经营崇尚勤与精,有吃苦耐劳、精打细算的传统;主张团结生存与协作发展,不宣扬个人英雄主义,认为个体的发展应以群体的共同前进为基础;注重行为的规范性以及严格的纪律性。由此而决定的形象塑造的操作模式,具有这样一些典型特点:

一是以建立和培育企业的经营理念为中心设置 CIS 整个操作体系,确立企业的经营理念及企业特有文化与精神的培育,是导入 CIS 的出发点和落脚点,把 CIS 理论置于一个较高的地位。

二是注重 CIS 设计的整体性和系统性。

三是 CIS 设计与实施强调以人为主,力求发挥人的最大潜能和调动人工作的精神要素,不主张用过多苛刻的条规和制度去制约人,提倡员工对自身工作意义的理解,自觉地工作。

四是注重各种前置性的 CIS 操作的基础工作,对企业形象的调研、定位、效果分析、信息反馈等工作非常重视,注重企业长期发展与未来趋势走向的分析和规划,导入 CIS 的过程较长,费用较高。

五是整个 CIS 的导入和设计工作多数由企业高层亲自挂帅,直接领导,并发动企业员工全体参与,而形象设计公司等一些辅助机构是主要的参谋部门,不起决定作用。

六是视 CIS 理论为企业的一项有效管理手段,通过理念的建立和贯彻,使每个员工有明确的行为准则,对违纪员工多采用教育、经济、行政等综合管理手段。

(四) 注重行为统一及用品牌表现形象的德、韩模式

我们把这种模式又视为行为型、品牌型 CIS 操作模式。这种模式的表现形态没有上面两种典型,但确有很多独到之处,其特点很值得我们借鉴和学习。具体特点主要包括:

一是以品牌为中心树立完整的企业形象,以规范及统一企业内外行为为品牌建立的基础保证。

二是 CIS 的操作设计以规范行为为主要内容,目的在于形成企业特有的精神和产生强大的士气感,并以这种特有的精神和士气感,凝聚企业员工、传达企业理念、沟通内外关系。

三是企业形象树立中充分利用和发挥民族自身的优良传统,并努力将这些优良传统和企业日常的各种工作相结合。

四是注重企业理念的设置与追求,但不将它神化,不强求必须充分认识和完全理解理念的涵义,更看重将理念向规范行为的转化。

五是较为注重企业视觉要素的设计,尤其是视觉要素的民族化表现。

(五) 对三种操作模式的深度分析

我国企业在应用 CIS 理论塑造形象、以及探讨中国式的企业形象塑造模式问题时,必须对上述三种模式的特征及适用条件加以深入分析,如果盲目地生搬硬套或机械式地模仿,极容易出现各种问题。这些问题不仅会大大制约我国企业形象的整体提升,而且还会直接影响到 CIS 理论在我国的推行与应用。

1. 美国是 CIS 理论的发源地,主要目标是借由视觉识别占领世界市场,提升企业市场竞争力,追求快速的识别效应、建立企业视觉形象是美国操作模式的侧重点

可见,外部与表面形象刻画是美国操作模式的重点,设计机构和人员在 CIS 的具体实施中占有主导地位,他们的创意设计与策划相对独立,在

图 4 – 16

形象塑造的操作中,设计机构和人员与企业既联系又相对分离。这种操作模式在美国很少出现形体不一、形体分离及虚假形象的现象,这非常耐人寻味(图 4 – 16)。在此有两个问题非常值得我们深思。

(1)美国保持形象一体化及形象整体性的条件是什么?在深入探究美国社会、民族特点及管理制度等因素后,不难发现美国在形象真实性与一体化上有六大保证体系,严格的管理制度保证体系,生产组织专业化、协作化的产品生产保证体系,管理顾问与管理专家的咨询与监督保证体系,生产与管理人员的素质保证体系,完备的法律法规惩办保证体系,全社会的诚信意识与诚信制度保证体系。

(2)如果不具备这些保证体系,一味地照搬美国操作模式,将会产生什么后果?这也是我们引出 CIS 操作模式问题的目的所在。回顾我国应用 CIS 理论的发展历程不难发现,我们在很长一段时间内沿用了美国操作模式,这一模式曾创造过一些辉煌,CIS 理论一下子被推向无所不能的神话地步,但也由于我们应用这一模式的基础条件不具备,致使我们深陷 CIS 理论应用的误区之中。所以,我们不仅要解析 CIS 的理论体系,更要解析 CIS 的操作模式及应用条件,我们必须结合操作模式的社会、历史、人文、管理等要素背景,在结合我国企业生存环境的基础上,来探询 CIS 理论的应用问题,否则就很难杜绝各种操作误区的发生。

2. 日本的操作模式在形象整体性与一致性上有很好的保证,这一点很值得我们学习和效仿

我们必须正视,虽然我们与日本同属亚洲,都推崇儒家文化,但我们在很多方面与日本仍有着本质区别。例如,在管理制度上,我们提倡平等,而不讲效忠;在企业经营模式上,我们的企业经营者更多是一种阶段性的负责,缺乏长期和连贯性,由此也就缺乏管理思想的一体化;在经营者乃至国民心态上,我们更多追求"只争朝夕、一蹴而就"的发展方式,而日本模式需要保持一种平和的心态及相对稳定的企业环境,要对形象进

行一点一滴的培育,集小赢而成大胜。所以日本模式对我们而言,目前应用有一些瓶颈(图4-17)。

图4-17

3. 德、韩操作模式在很多领域值得我们深思,这种模式及特点对我国CIS理论体系及操作模式有很大借鉴价值

德、韩模式既不做炫目化的视觉外表,也不去整体性地"洗头换脑",而是将企业形象力更多融入到品牌概念及实力表现中,以品牌力最大化地推进市场营销力并由此提升竞争力,从而形成令市场群体关注及认可的企业形象。而构建品牌力的保证手段则是企业与生产者行为的规范化、整体化和科学化。这相对于美国及日本的操作模式而言,更易于为我国企业所应用,且也比较接近我国企业的现实生存环境。当然这种模式对企业、员工整个的管理水平乃至全社会的整体素质,有着较高的要求,而这些恰恰是我们所欠缺并亟需改变的。所以,在应用CIS理论及探讨中国式企业形象塑造的操作模式时,我们不仅要对形象理论本身进行深入分析,更要将与理论有关的因素进行综合性的研究,使形象设计理论与各种相关理论有机结合(图4-18)。

图4-18

第五章

企业视觉传达

一、企业视觉传达的内涵与特征

（一）企业视觉传达的理论内涵

视觉传达是基于企业视觉要素而建立的传达体系。在此，视觉要素是传达的媒介主体，而传达的主要目的是建立企业视觉形象并由此塑造企业整体形象，形成在形象塑造、识别基础上的市场扩展。企业视觉要素是形成传达效应的基本媒介，在这里的视觉要素既包括企业识别体系中的基本要素，又包括应用要素，但主要是指以标志、标准颜色、标准字体、广告语、象征图形等为主体形态的内容。

关于企业形象传达的媒体形态或构成形象信息传播的媒介形式，大致可以做下面这样一个归纳。第一代的传播媒介是以徽章、报纸、招贴画、杂志、宣传册、路牌等为主的形态，至今这种形态仍然在沿用，这种媒体形态更多是一种单向的信息传递，且只有图形而没有声音，所以它在形象的传播上，往往覆盖度低、速度慢、空间有限。第二代媒介形态主要是广播、电视、光碟等，这种形态仍然是一种单向信息传递，但它增加了声音的传播效应，由此形成了所谓的大视觉传播，构成了音形结合、音像交融、声情并茂的信息传递，所以传播的范围和空间得到了极大扩展，由此大大提升了形象传播的实效性，如秦池酒和利郎男装（图5-1），都是通过这种传播形态快速建立起企业形象的。但这种形态的传播成本较高，需要企业具备雄厚的宣传资金保证，否则极容易出现由于资金跟不上而导致形象影响力不足，或宣传投入过大而发生资金链断裂下的形象破损。这一形态对形象信息的接收者有一定的限定，需要具备一些简单的设备，否则信息无法达到。第三代形象传播形态是当前广为流行的网络、游戏、博客、手机、微博、微信等，这种媒介形态克服了前面两代单向信息传递、参与度低、信息不能互换、接收需要条件等不足因素，使形象传播有了更多的接收途径和信息反馈通道，但就形象传播而言，这种形态的平台支撑过小，信息接收者需要具备一定的辅助条件，这种形态对产品信息传播较为

有利,而对整体的形象传播稍显不足,但这一形态在未来会有很大的发展
空间。

图 5 -1

　　上述的三代形象传播形态更多表现为一种显性媒体形态,目前一种
新的形象传播形态是将形象要素的相关内容植入到一种艺术表现形式
中,使接收者在一种无意识的状态下,轻松自然地接收到企业形象信息,
并使信息随着某种艺术形式与作品的扩展不断渗透到市场与消费者的心
中,由此达到一种形象传播效果。这种媒体形态称为非直观媒介的媒体
或隐形媒体,如在《天下无贼》影片情节中的长城润滑油的特写镜头(图
5 -2),使观众在"润物细无声"中,对品牌形成了概念认知,由此实现一种

图 5 -2

形象的传播。可以预见,这种形态的形象传播蕴含着很好的发展前景。

企业视觉传达与上述的形象传播形态既有联系又有区别,由此构成了视觉传达的独到特征。

(二)企业视觉传达的特征

1. 企业视觉传达是一种侧重企业形象整体形态的传达,更多强调的是形象或品牌的整体概念,而不是形象中的某个局部概念

例如,海尔或麦当劳,更多地是要告诉消费群体我拥有的是一种整体的实力,而不仅限于在产品质量、服务手段、营销策略等单一层面的优势。视觉传达更多地是通过视觉要素形成市场群体对企业的整体认可,并由此建立起更为深刻的品牌偏爱关系。

2. 企业视觉传达是一种主观与能动式的传达,更多表现为在静态中建立动态效应

这种传达是企业——传达主体,主观及有目的性地通过一种较为静态的手段,将企业的综合信息,尤其是形象概念信息告知市场及关注群体,使这些群体在接收到信息的基础上,形成对企业的认识与形象概念判断。因此,企业视觉要素的特点与传达方式,将直接影响到企业形象概念形成的速度及市场影响力的大小,而市场群体对视觉传达是否接受及接受的程度,又将直接影响到形象的认可程度及扩展的空间。以我国著名的两大酱菜生产企业王致和与六必居来说,显然王致和的视觉传达要强于六必居,王致和不仅有着主观与能动的视觉要素,且视觉要素有着很强的表现力与识别力,所以在市场扩展上,王致和无疑会优于六必居(图5-3)。所谓在

始建于明朝嘉庆年间　公元1530年

图5-3

静态中建立动态效应,更多是指企业视觉传达基本是一种无声的传达,好比张嘴、有口型、不出声,但这种传达所追求的则是既听得见声,又能闻声而动,也就是我们所说的动态效应。所以传达对"口型",即视觉要素就提出了很高的设计要求,不仅要从视觉图形中解读出语言表达,而且还要由

此形成识别效应,并建立起一种形象概念。

3. 企业视觉传达是用图形建立形象概念的传达

首先,这里的图形是一个宽泛的范畴,既包括图案图形,又包括文字图形,既涵盖图形色彩又包含象征物体,所以对这些内容的分析就构成了研究企业视觉传达的重点问题,而对这些图形的设计与应用,更是企业建立视觉传达及形象塑造的核心工作。其次,图形在此的传达功能主要有两个:①建立企业与产品的名称体系,即企业或品牌的概念体系,由此形成快速的企业认知效应及产品识别效应,显然在名称体系的建立上,文字图形有着更好的效果,如东来顺、老凤祥、狗不理、老孙家(图 5-4)等。②建立企业的形象体系并使之快速扩散。在这一传播特征的体现上,以图案和色彩构成的图形要素则更具优势。因为这种图形的视觉吸引效果及图案记忆效果要大大高于文字,此外图案图形解读的关键在于破图,在于破解图形语言,而图形语言的解读相对于文字图形来说更加容易,如"禁止吸烟"的图形理解。且图形语言解读可以不受识字能力与语言差异限制,可以形成一种跨地域、跨民族及跨文化的传播,所以它的传播距离、空间及速率都会大大快于文字图形。我们对比图 5-5 的视觉图形就可直观看到图案图形与文字图形在形成视觉传达上的差异。尽管我国的回力与美国的耐克都是体育用品生产企业,且回力在 1927 年就建厂,早于耐克 30 多年,但耐克凭借优质的产品及强势的视觉

图 5-4

图 5-5

传达,不仅取得了 159 亿美元的品牌价值,而且成为了世界体育产品的领导者,而回力却在逐渐被人们遗忘,这其中当然有各种因素的作用,但我们不能否认视觉传达所产生的巨大力量。

4. 企业视觉传达是自成体系的媒体形态,与传统媒体既有联系又相对分离

这种传达主要是借助视觉要素的表现力,从其发布与传播形态来看,既可与传统媒体形成组合性发布,又可脱离媒体平台进行独立传播;既可与媒介及公关传播进行有机嫁接,又可采用更为广泛的传播途径形成形象信息的立体化扩散。图 5-6 的周大福首饰、高露洁牙膏和美国联邦快递的视觉传达形态,可以看到视觉传达可以灵活应用及有机嫁接到企业的多个领域,形成形象传播形态的高度扩展。而在与企业视觉要素形成联系的各种有形要素中,不仅限于对形象直接产生传达效应的媒介形态,一些不具媒体表现力的要素,如店面、工服、车辆、办公用品等,也可参与到形象的传播中,成为形象广泛传播的有效助推手段。

图 5-6

在企业视觉传达中,构成视觉要素(主要是基本要素)的任何组合内容——形状、字体、色彩、音符等,都具有对企业形象进行表达与传播的作用,所以对这些内容在视觉传达上的功能分析,构成了研究企业视觉传达理论的主体。

二、图形与企业视觉传达

（一）图形概念解析

我们首先要明确图形的内涵，宽泛地讲，图形就是指图案造型与色彩表现相结合的完整的视觉要素，图案造型涵盖轮廓造型与字形造型，即或者强调图的表现力，或者突出字的表现效果，如图5-7。法国汽车品牌雷诺主要是强化图的视觉效果及表现力；而美国惠普的图形则更多凸显字的说服功能与表现效果。当然，字与图的结合以及用字的变化来构成图形也是宽泛图形概念中的主要形态，如早期的中国电信的标志图形（图5-8），就是一个典型的用字的变化来形成特定图形，并以此说明企业的形象特征的例子。图形的这种宽泛概念在企业视觉要素中，就是人们常说的企业标志（标识）的概念。

图5-7　　　　　　　　　　　　　　　　　图5-8

企业标志（标识）就是用独特的视觉图形（符码），说明企业性质、理念、个性，将企业与产品主导信息告知消费群体和社会大众的特定形式。在企业视觉识别中，标志（标识）是使用最为广泛、出现频率最高、影响最为深远的视觉要素。它不仅具有带动所有视觉要素设计的主导力量，更是整合所有视觉要素的核心。从企业视觉传达层面看，标志（标识）已成为企业形象的化身和替代者。所以标志（标识）除了具有区分他人彰显自我的功能外,更可以提升消费者对企业的信任感和员工对企业的归属感及荣誉感。

企业标志(标识)从构成,即形象学原理上来看有三种主导形态:表形标志、表音标志和音形结合标志。而表形标志就是狭义范畴中的图形概念,这一范畴更多是从图形层面,又称基础图形的构成及表现力角度来设计标志,更多是用图形的特定效果及表现力,来传达企业信息并形成企业形象概念且逐步延伸到形象的视觉传达。这种狭义概念下的图形设计与传达相对弱化色彩的作用,更多是通过基础图形的应用及图与图、图与字的组合,形成标志(标识)主体,更多强调图形的表达力及市场扩展效应。

(二)基础图形的解读

所谓基础图形是指构成标志(标识)的最基本的元素。就狭义概念中的图形构成来看,图形主要是由规则与非规则两种基础形态构成,而规则图形更多是线、角、方、圆的组合,于是线、角、方、圆就成为了图形要素中的基础图形。对这些基础图形内涵、规律性与表现力的认识及应用,不仅是企业视觉要素设计的主要手段,更是视觉传达的重要形态。非规则图形在表现企业及产品特征上有很强的效果,但其内涵和规律性不易找到且有很大的不确定性,所以就视觉传达的基础图形研究与应用而言,重点是在规则化的基础图形的研究与应用上。

1. 对于线而言,无论是规则还是非规则图形,它都是图形构成的基础,所以线是图形构成中基础中的基础

线又可细分为很多种具体形态,如直线、曲线、折线、粗线、细线、徒手线、几何线(标尺线)等,而每种形态的线都有其不同的内涵表达及惯用形态,这对企业标志(标识)的视觉传达有非常重要的影响。

直线主要表现挺拔、简洁、直观、明快;曲线则是随意、自然、流畅、柔和;折线的内涵是果敢、敏锐、不死板、富有突破力;粗线代表了浑厚、坚实、充实、稳定及实力;而细线象征着清晰、细腻、流畅与敏锐;徒手线(不用尺子规范画出的线)更多表示轻松、自然、随意、感性、不死板以及敢于冲破传统观念;与之对应的几何线(用尺子规范画出的线)体现的是规范、

理智、严肃和稳定。

例如,中国邮政标志(图5-9)的主导元素就是各种形态的线,横与竖、粗与细、折与直的各种线的组合,将各种线的基本特征与表达力尽情显现;这些线又将我国古代鸿雁传书的典故孕育其中,将大雁飞行的形态充分表现,由此直观再现了服务千家万户的企业宗旨,更使其快捷、准确、安全、无处不达的

图5-9

形象追求充分展示,图形元素对形象塑造与传达起到了很大推动,使中国邮政由此获得了一种受人无限寄托又无比信赖的形象感。

2. 将两条直线汇集在一起就形成了角,角分为直、锐、钝三种形态

直角的应用非常广泛,更多表现规范、稳定、浑厚、传统和理智,同时还象征着严格的纪律、高度的稳定及明确的规范意识。钝角一般表示稳定、宽广、开放和包容,象征有较大开放力和包容性。锐角则表现挺拔、敏锐、向上和有突破性,其深度内涵是敢于打破旧模式和旧观念,不断向上和勇于追求。香港汇丰银行的标志(图5-10)是一个典型的用各种角构成的图形,这一设计出自有香港设计之父之称的石汉瑞(Henry Steiner)之手。图形由六个三角形构成,又称六角形 Logo,中央两个红色的三角形尖角相对,构成的形状像个沙漏,象征财富不断积聚;两旁各有一个红色三角形,尖角分别指向左右

图5-10

两边,象征业务的不断扩展,以及打开大门,用优质的服务迎接每一位顾客。这个标志将角的内涵予以了充分的展示,并由此很好地传达了企业的定位与发现目标。

3. 圆是一种看似简单但变化却非常丰富的基础图形

单一的圆象征着明确的规范力和稳定性,表现一种较高的安全感及规范的秩序。圆的主要不足是有较高的限制力,缺少开放性和伸展空间。由此就形成了重叠圆、椭圆、虚圆等一系列的变化形态。应用较多的是椭圆和虚圆,椭圆可以看作是圆受力后的变形,它在保留圆已有涵

义的基础上增大了变化性,改变了圆所固有的死板与想象空间缺乏的不足,如图 5 – 11,但其高视觉限制性的不足仍然存在。虚圆是指在视觉中看不到但却存在的圆,又称视觉透视中的圆。采用虚圆的主要作用是增大圆的变化性与开放力,同时突破高限制性的不足,如图 5 – 12。显然在这个图形中我们可以看到三个圆形,而在三个圆的外框中则还有一个圆,但这种圆却被虚化了,由此图形稳定性仍然存在而开放性却大大提升。图形使企业在稳定中发展,在改革中成长的形象追求得以了充分体现。

图 5 – 11　　　　　　　　　　　图 5 – 12

　　方也是常用的基础要素,主要有正方、长方、菱方三种形态。正方的表现是具有较高的稳定性和较强的理智感,有严明的纪律性、稳定性和规范体系。长方在保留了正方所具有的稳定、理智、规范的基础上,增大了变化性,寓意不依附于传统观念,敢于进取和追求变化。菱方(菱形)既保留了正方的优点,同时又弥补了正方与长方的缺乏变化和过于死板的不足,体现出一种机智、果敢以及敢于变化、勇于进取的精神(图 5 – 13)。

图 5 – 13

　　通过图与图、图与字的组合,并由此构成具有识别与传播效果的标志(标识),是企业视觉传达中图形传达的主要手段。这种传达更多是通过在图形组合中大量图形语言的应用,形成一种企业形象信息的静态传递,使消费者在对图形的解读中,认知企业、感受特征、洞察发展方向、熟悉形象内涵。

(三)企业标志创意设计中的视觉传达

由图与图、图与字的组合而形成的企业标志(标识)分为三种形态,这三种形态又是企业标志(标识)创意设计的三种主要方法,即具象法、抽象法和字拼法。由三种方法构成的图形在企业视觉传达中,有着不同的作用和效果,所以对这三种方法的认识与掌握,对应用图形传达企业形象非常重要。

1. 具象法的设计与传达

具象法又称象形法,图形创意设计定位更多是依据某一特定物体来展开。由此形成的标志(标识)多像某一个物体的全貌或局部,如图 5 - 14。在两个图形中,骆驼的图形就近乎完全的相同,所以它属于一种全像的概念,而狼的图形就属于一种似像的范畴。由具象法设计的图形标志,特别是全像的图形,对事物内涵的表达明确、具体,使人能很快明确图形的用意及内涵,在视觉传达时由于有图形作为传达背景,因而不需要做更多的说明,所以传播的时效性较高,可以形成由图形快速识别而带来的市场快速扩展效应。例如,骆驼标志,通过一种忍耐能力极强的动物,不仅表达出了产品的坚实与耐用,而且传递了企业敢于克服各种困难,富有挑战精神,勇于攀登的形象特质;骆驼在人们心目中有着吃苦耐劳、勤勤恳恳的形象概念,企业通过骆驼的视觉图形,将自身兢兢业业、朴实无华的发展理念予以了整体的诠释。

图 5 - 14

具象法由于画面过于像某一物体,所以其视觉效果一般比较死板,视觉冲击力比较低,且图形的内涵空间较小,在表达多种事物的组合和复合概念上相对较弱,这对企业形象更多信息的传达形成了一定制约。例如,我国老字号品牌谢馥春的标志(图5-15)——一个美丽的淑女头像,图形在传达产品特征与对应的市场群体,以及所带来的应用效果方面非常明确,但在传达企业所具有的实力感及发展理念方面就略显不足。这正是具象法在视觉传达中的硬伤。

图5-15

2. 抽象法的设计与传达

抽象法又称概念法,更多是依据企业的发展目标、追求、经营理念等特定概念来展开并组合成图形。它是用一种高度概括的、有象征意义的图形形状和指定的色块,或抽象的图案来表现企业的特征与追求,所用图形与图案有较大和较为抽象的概念空间。用抽象法设计的标志,图形与图案多简洁、清晰、明快,色彩相对单一,因而具有较高的视觉识别功能和冲击效果。由于图形不依据某一特定物体而展开,所以概念空间较广,内涵较为丰富。抽象法的图形在企业视觉传达上有两大优势,一是视觉效果,即视觉吸引与冲击效果较高;二是图形的概念空间丰富,可以形成多种概念的融合及复合表达。图5-16是我国泰康人寿保险公司的标志,从图形的应用元素看属于较为典型的抽象法设计,标志主要应用的是图形基础要素中的正方、长方与菱方。标志不仅将三种方形的特征,特别是优点予以了充分表现,而且使图形在简捷的构图中增大了可视效果,由此使标志的视觉传播力大为增强。图形利用方形的构图,将人字,大写的英文字母T以及房屋屋顶的形状巧妙融入,既传

图5-16

达了企业的名称概念,又将企业所在的领域及对人们生活的维护与关爱,予以了直观及完整的传达。由此我们也要看到,没有任何概念依托的图形是很少的,即便是抽象法的图形,也或多或少地要与一些象征物体或字体形成结合。而抽象法的这种结合则更多强调视觉冲击,其次才是概念表达,如果二者发生冲撞,往往侧重视觉效果,所以抽象法的图形在形成企业形象的视觉传达上具有非常高的效果。例如,我们熟悉的阿迪达斯

图 5 – 17

标志(图 5 – 17),图形是一个标准的抽象法设计,主体是由三个斜向的不规则长方形构成,而这三个斜向的长方形正是跑步出发时,为使初始速度增强所用的起跑器,阿迪达斯用这样一个酷似起跑器的抽象图形,不仅建立了品牌概念,更将品牌追寻的更高、更快、更强的发展目标及前卫时尚、锐意进取的形象定位尽情显示。正是这一图形的应用与视觉传达,帮助阿迪达斯快速成为全球体育品牌中的领军者。抽象法图形在视觉传达中的主要不足是可读性和一次性识别功能相对较低。

3. 字拼法的设计与传达

字拼法又称读拼法,图形主要是依据字体组合与变化而构成,有一定的可读功能,通过读与念而达到使观者深刻记忆的目的。字拼法的图形标志更多是通过字体与拼法的变化来展开,力求达到直观、可读以及快速识别与清晰记忆,同时追求标志看、读、识、记的整体结合的目的,以读代记,所以字拼法图形在强化企业及产品识别以及市场扩展上有着很好的效果。字拼法图形又可细分为四种形态,即直拼形态、缩拼形态、字图形态和图字形态。下面的图 5 – 18 就是四种形态的具体表现。

图 5 – 18

就视觉传达而言,直拼形态的一次性传达效率最高,这种图形没有更多的创意设计元素,基本就是在已有字体基础上的变形及艺术化处理。我国企业特别是老字号企业,对此种形态非常青睐。由于这种形态的标志有着完整的字形体现,所以它在图形的识别与记忆上效果较好,对企业文化的传承较为有利。但这一形态对企业形象特征及产品内涵的表现非常模糊,单从字面上看不出所从事的行业与生产的产品,这一形态图形的视觉冲击力较低,缺乏强烈的视觉吸引力,很难形成消费者的视觉吸引和关注,所以传播效率较差。这一形态图形的另一不足还在于视觉解读困难。它要求解读者必须具有文字基础,否则就会导致识别受阻。所以,这一形态的图形在市场扩展,特别是世界范围的市场扩张上,会造成很大的瓶颈。从图形传达角度讲,这一形态的图形不属于图形传达的范畴,更多是一种字形符号的传达表现。

字拼法中的缩拼形态更多是将字的主要部分,有机及富有图形感地组合在一起,其中将拼写词组的打头字母拼成图形是最常见的形态,故这种字拼图形又称字头拼,我们所熟悉的IBM、宝洁等图形,都是典型的字头拼形态。由于汉字的主体是象形结构而非拼读形态,所以我国企业特别是早期的工商企业,使用缩拼形态的相对较少,大多是一种全拼形态,如茅台酒(图5-19)、中华香烟等。

图 5-19

采用缩拼形态的目的主要有两个,一是保留字的可读性,二是增强字的图形效果,从而提升公众的收视率。这两点对形象传播是非常重要的,对企业视觉传达更有着出奇的良好效果。首先,从视觉的关注度来看,人们对富有图形感的字体的关注及兴趣,会大大高于单纯的文字,有了关注就为识别与记忆奠定了基础。而在关注的同时人们又能对图形进行阅读,这种阅读不仅朗朗上口且通俗易记,由此记忆功能便在一次次的阅读中不断强化,直至形成深刻印象,所以缩拼形态对企业视觉传达有很大的推动效果。但这种形态也有一定的局限性,相对于直拼或直读形态而言,在建立企业形象的明确概念上,缩拼形态相对较弱,有时人们会读了很多

图 5-20

遍但仍不知道你是做什么的,比较稻香村这种直读形态的图形(图5-20),缩拼图形在直观体现企业产品特征方面稍显不足。其次,缩拼形态尽管加大了图形效

果,但视觉吸引及冲击效果仍然很低,在引发视觉关注上有很大欠缺,而且这种图形的内涵极为有限,很难形成对企业形象多重信息的整体传达。

为了突破直拼与缩拼形态的不足,使图形能够蕴含更多的内容,有更丰富的含义,同时使标志图形具有更大的视觉冲击力,人们在字拼法的创意设计及应用时,逐步寻求使字体向图形演变,由此产生了两种变化形态:一种是字在外、图在内的字图形态;一种是图在外、字在内,破图看字的图字形态。两种形态的采用对视觉传达起到了很大推动。

字图形态更多是用字构成图形,而字的原形仍然可见,图形不仅大大提升了视觉吸引效应,而且极大丰富了其表现力,使企业形象的特质与目标追求更多融入进来,由此构成了视觉要素更为丰富的传达效应。韩国品牌 LG 的标志图形就是典型的字图形态,图形是用 L 和 G 字母组成的一张笑脸,以此向消费者传达了"为顾客创造价值"的经营理念,使消费者第一时间就可体会到企业的追求;此外,图形采用了不对称的构图方式,简洁、新颖,充分体现出了该品牌设计时尚、精细,科技含量高的特征。这一图形的采用不仅使消费者对品牌名称一目了然,而且对企业形象塑造及传达有很大的正向推进,可使品牌形象快速在市场及消费者中扩展。

图字形态是字拼法的另一形态,它把字寓于图中,其表是图形体现,其里是字意涵盖。由于字变成了图,图形又直观可见,所以视觉感进一步提升,视觉冲击效果得以提高。我们之前已经提到过,人们对图形的关注与记忆都要好于文字及文字图形,所以这种图字形态下的图形,会形成更为有效及更为广泛的视觉吸引,由此产生更强的视觉传播。此外,这种图形又将字孕含其中,使字体的表现力含蓄地得以保留。我们所熟悉的台湾统一集团的标志图形,是由英文字 President 的首字母演变而成,President 意指领导和领袖,图形建立在字母 P 变形的基础上,既体现了企业的定位与目标追求,又象征着一只在蓝天中展翅高飞的鸟;三条曲线更传递着企业所追求的"三好一公道"——品质好、信用好、服务好,价格公道的品牌精神,图形整体再现了企业的核心理念。统一由此图形而建立的视觉传达体系,使其品牌形象在大陆市场快速传播的基础上,逐步建立了行业领先者的形象特征。

三、色彩符号与视觉传达

（一）视觉传达中的色彩符号

　　所谓视觉传达中的色彩符号有两层含义：其一是指包含图形与色彩要素在内的完整标志图形及由此形成的视觉传达效应；其二特指图形所用颜色而形成的形象表现力与市场传播力。利用色彩符号进行视觉传达，主要是通过颜色自身的特点产生两大效应：一是色彩识别效应。由于颜色具有高于文字与图形的识别及记忆功能，所以色彩识别可以产生较高的识别强度，并由此形成深刻的色彩记忆，这对人们通过颜色而形成视觉形象概念非常有益。二是产生色彩联想效应，主要是通过一种高表现力的颜色，使人们由对颜色的一般联想而产生一种对企业及产品的特定联想。例如，黄色具有充实、饱满、营养丰富的一般联想，而要产生"企业具有实力、产品富有营养"的特定形象联想，燕京啤酒的标识是一个很好的例子（图 5 – 21）。所以，探讨色彩符号的传达效应问题，就必须对色彩的作用、特点、联想及视觉惯用形态等问题进行深入分析。

图 5 – 21

（二）颜色在视觉传达中的独特作用

　　颜色在人的视觉中是最为敏感、记忆最为深刻的，颜色不但在绘画中被称为第一视觉语言，而且在各种形象设计中也是极其重要的构成因素。不同的色彩能触动人们不同的情感，不同的人对色彩有着不同的审美反映，这种反映往往由于接受者丰富的心理体验而自然地将其与某种心理感受、情绪和概念联系起来。因此，观察色彩总能引起丰富的感受和联想。

1. 在企业视觉要素中更多引用色彩元素,是让这些颜色与企业或产品形成一定的关联效应

这种关联体现在两个层面上:①色彩表层的关联,这种关联主要是利用颜色本身的特点,即色彩的自然属性,如红色的喜庆、绿色的自然、黑色的稳重、紫色的神秘,通过这种自然属性直接表现企业与产品的基本特征,如产品的特点、基本的功能、所用的原料等。②色彩深层的关联,这种关联更多是一种企业主观性的关联,即企业主动选择一些颜色与自身形成关联效应,目的是借颜色的自然表现及自身的理念追求,直观表达在发展目标、经营思想、自身定位等一些深层的思想与目标上的特征,如可口可乐用红色是要用红色的奔放,将其追寻的"要爽由自己"的主张尽情表现;而百事可乐用蓝是要用蓝色的幻想感,将其追求的"渴望无极限"的理念充分表达。

2. 在视觉识别中引入颜色元素的另一主要目的,是直接及最大化地形成市场识别效应,以此诱发市场群体的高度关注,从而加速产品销售

由于色彩在诱发人们识别及形成记忆上的特殊性,使得更多的市场群体在将某一颜色和企业形成一种特定关联的基础上,形成了一种依托色彩而建立的识别体系,如提到 IBM 人们自然会想到蓝色,提到麦当劳人们又会很快联想到黄色。不仅如此,色彩又具有很高的视觉吸引功能,并能产生由视觉观察而导致的心理联想,如人们看到红色会自然联想到太阳、红旗、火焰等一些内容,并会进一步联想到热烈、青春、温暖等概念。所以,企业将一些颜色与自身进行捆绑,一方面是希望通过色彩产生对视觉的吸引从而获得更多的关注,另一方面则是希望人们用更多的色彩联想,对企业有一个更为宽泛及深刻的认识。颜色本身就是一种具有独特表现力与传播功能的视觉符号,任何一种有独特表现力的颜色都会刺激并反射到我们的视觉中,并在我们的感知中形成一种记忆,所以,色彩在今天已不再是填补黑白世界的装饰,它更是一种信息传递的载体。中国联通与

图 5-22

中国移动两大电信运营商的形象传播,在很大程度上得益于它们对色彩的合理选择(图5-22)。而20世纪80年代柯达与富士胶卷,正是通过颜色的有效使用,形成了人们深刻的色彩识别与丰富联想,从而快速打开了市场。由此可见,色彩有着强大的传播功能。我们所熟悉的星巴克咖啡(Starbucks),1971年成立于美国,目前是全球最大的咖啡连锁经营零售商,旗下零售产品包括30多款全球顶级的咖啡豆,手工制作的浓缩咖啡、冷热饮料、糕点食品以及咖啡机、咖啡杯等商品。星巴克的标志是一条美人鱼形象的双尾海神,传达了原始与现代的双重含义(图5-23)。假设星巴克的标志只是图形的表现方式,由于造型线条

图5-23

较为复杂,很难被消费者识别与记忆。而运用绿色和黑色的颜色后,星巴克的视觉形象清晰简洁,新颖独特,非常容易使消费者产生视觉记忆。正是这种识别与视觉记忆,帮助星巴克从当初的一家小小的咖啡店,成为如今浪漫优雅的绿色美人鱼般的,并带有美国文化印记的知名企业。在此,色彩为企业形象塑造及扩展提供了重要支撑。

(三)色彩创意的概念解析

色彩传达的核心在于标志图形的色彩选择与应用,而要使色彩应用合理及有效,就必须对各种颜色的特点及表现力有深刻认识,这就引出了关于色彩的创意设计问题。在此必须明确,所谓色彩的创意设计更多是人为性的,根据企业在形象塑造中的定位与发展方向,依据自身产品特点及色彩的内在表现,将一些颜色应用到图形元素中。这里需要强调的是,从图形表现层面来看,色彩越丰富表现力就越丰满,但从图形识别层面看,过多的色彩应用往往会降低视觉效果,从而会影响到图形的收可视性与可分辨性。所以,在色彩选择与应用上必须恰到好处,选择的一个重要前提就是有利于形象的塑造与传播。因此,色彩传达中一个较为有效的形式及通行的规则就是控制在三种以内。

如果是多种颜色的选择,要尽量避免色彩的等额分布,一定要选择一种颜色作为主体颜色,而其他颜色要更多衬托主体色彩,形成对主体颜色的烘托与呼应。这种主体色彩通常被称为主导色,又叫基础色,而各种与之衬托的颜色通常称为主调色,又叫辅助色。

　　1. 主导色

　　主导色是表现企业形象整体内涵并建立色彩传达的主体内容,对一种特定形象的建立有非常重要的影响,对视觉传达更是举足轻重。在选择主导色时,一般是依据企业性质、产品特点、经营理念、形象诉求、企业目标、营销策略等内容综合而定。主导色是市场群体对企业建立形象概念的主导要素,选择合理,则企业在市场中的主导形象会随之迅速形成。百事可乐(Pepsi)成立于1889年,自推出以来一直受到可口可乐的影响且持续了很长时间。可口可乐独特的瓶装形态及红色的标志早已深入人心。而早期百事可乐的标准色也是单一的红色,同可口可乐极为相似,在视觉上很难区分及被有效识别。1950年,百事可乐首次增加了蓝色作为其企业标准色之一,由此逐渐脱离了可口可乐的影响。此后,百事可乐几次完善其色彩形象并予以深度规范,逐步削弱红色的主导地位。1996年,百事可乐更是抛弃红、白、蓝

1906

1991

2005

图 5－24

三色的用色结构,改用清一色的“百事蓝”作为色彩传播的基本基调,与可口可乐形成强烈的视觉差异,掀起了一股“蓝色风暴”,向红色的可口可乐发起了猛烈的市场进攻,由此奠定了在全球与可口可乐分庭抗礼的局面(图5－24)。功劳很大一部分应归于色彩的合理选择。

　　2. 主调色

　　主调色在颜色传播中主要起对主导色的衬托作用,在图形的颜色整体构成上,主调色所占面积相对较小。主调色在选择与应用上一般是采

用与主导色对比度较强的色彩,如我们所熟悉的 IBM、可口可乐、耐克,为了突出各自的主导色都选择了白色为主调色。此外,主调色还可充实与丰富色彩传播的效果,用颜色深化企业的经营理念及目标形象追求,同时还可更加直观地说明企业涉及的领域与行业。蒙牛和中国邮政都选择了多个主调色,这对表达企业服务的领域及产品的丰富性起到了很好效果。但要特别注意,主调色在选择上不宜过多,因为过多地使用颜色会降低视觉感,使视觉传播力弱化。

主调色还可彰显企业个性与产品的差异化。因为在通常情况下,主导色往往是唯一性选择,而主调色可以进行多选,这样,企业就可以使用更多的颜色,特别是应用一些个性化的颜色,在表现企业主导信息的基础上,把企业的个性化追求及产品的差异化特征表现出来。由于一些个性化的颜色更具视觉吸引力,所以这种个性化色调的应用,往往会产生更为独特的市场影响力,形成更为有效的视觉传达。但在使用个性化颜色时必须注意,一定要和企业或产品形态形成有机结合,否则会因哗众取宠而失去自身形象特征导致丧失市场。

(四)视觉传达中的色彩联想

在应用色彩符号进行企业形象的视觉传达时,尽管颜色是建立在图形的基础上,但有时也会弱化图形形态,把颜色构成烘托为形象传达的主体,而传播者更希望人们由对颜色的认识与记忆,形成对一种形象及品牌的深刻了解,以至情感偏爱。在此,有一个非常重要的问题需要明确,就是色彩接受(认可)与色彩自然联想问题。由于我们生存的自然界的各个物种,有其自然生成的基本颜色,这些颜色会在我们的脑海中形成一种较为固定的色彩记忆,如树,人们会自然形成一种绿色的记忆;黄金,人们一定会产生出一种黄色的概念。如果我们将绿色与黄色的概念延伸,形成一种所谓的色彩联想,绿色就会产生出自然、健康、新鲜、安静、平和、干净等色彩概念;而黄色会形成富贵、光明、富足、饱满、营养、厚重等概念内涵。由此,我们在建立形象与一种色彩的嫁接时,在应用色彩表现与传达形象特征时,要尽量使这种色彩接受与自然联想一致化与一体化,这样,色彩的接受度就会大大提高,而接受度的提高正是色彩传达的重要目的。

有些色彩会被人们赋予某种概念内涵,如红色和黑色。红色由于和太阳、火焰等富有热度的事物相关联,所以被人们赋予了热烈、积极、温暖、热情、活泼、生动、希望、追求、欢乐、幸福、吉祥、关爱等概念内涵。因此,红色更多用在表达美好的事物上,并形成了一种非常积极、不断提高、吉祥如意的情感流露。而黑色由于光波很短、视觉过于暗淡,又与黑夜的自然形态直接关联,所以形成了沉默、庄严、厚重、肃穆、暗淡、悲伤、消极等色彩内涵。

1. 色彩正向关联

企业视觉传达中的色彩符号应用,更多是谋求市场群体通过颜色,形成一种色彩的接受(认可)效应,进而产生出色彩的自然联想,对企业形象及品牌内涵形成快速识别,在产生色彩记忆的基础上,理解企业的发展方向及目标追求。所以,在运用视觉传达中的色彩符号时,是否能够快速形成视觉与心理接受的正向关系尤为重要,如果这种正向关系建立得合理与顺畅,色彩符号的作用就会快速形成并不断强化,视觉传达的效果就会非常显著,例如德芙巧克力(图5-25)的视觉传达。显然德芙的图形符号已相对被弱化,而色彩符号却被大大加强,此时色彩识别与人们对产品的视觉接收及心理联想完全形成了一种正向关联,由此市场群体不仅清晰地记住了品牌,而且由色彩联想对产品的成分、质地、口感、营养等,自然地形成了一种独特的概念认识,这种认识使德芙的品牌形象快速提升。

图5-25

2. 色彩负向关联

在色彩符号的视觉传达中,也可采用反其道而行之的做法,使人们的传统概念断裂,有意制造一种色彩的视觉与心理接受负向关系,以此努力制造出色彩的与众不同感,从而在引发市场群体关注的同时,形成形象与品牌的独特特征。这种色彩视觉传达有时也会产生出奇制

图 5－26

胜的效果,如光大私人银行(图 5－26),将紫色用于企业主导色,寓意卓尔不群、品质至上,为高端客户提供顶级化、定制化的服务,表达了企业为客户提供"顶级至尊服务体验、呈现管家式私人服务"的理念追求。再如我们非常熟悉的"中国蓝、梦之蓝"(图 5－27),在此企业几乎忽略了"洋河大曲"的品牌名称,更大大弱化了视觉图形要素,而将传播的主体放到了色彩传达领域,以期通过蓝色的梦幻效应,在形成强烈视觉识别的基础上,体现出产品的个性感、品质感、档次感,并由此引发市场群体的广泛关注。而蓝色通常用在与科技相关的产品领域,常常被人们誉为科技主导色,在此,"梦之蓝"形成了一种色彩识别的负向关系,正是这种负向关系以此引发了人们的兴趣,由此形成了广泛的市场关注效应,人们不仅关注

图 5－27

什么是"中国蓝",而且更为关注为什么又是"梦之蓝",蓝色自然联想中的深邃、寂寞、冷静、梦幻、幽远、博大等概念开始在人们的脑海中产生作用,人们由对色彩的关注与联想逐步转移到了对产品的关注,而随着关注的提升,洋河大曲在色彩传达中,不仅提升了档次,而且扩大了范围。

需要注意的是这种负向关系,必须要让市场群体确实感觉到另类之处,如果感觉不到或感觉不深,都会因形象虚假、故弄玄虚等市场认识,造成企业形象的快速破损,其结果往往是欲塑造的形象非但没有形成,已有的形象也会快速消亡。

四、字体符号与视觉传达

(一)视觉传达中的字体符号

字体符号的视觉传达,顾名思义就是用字体进行企业形象的传播,但这种字体不是一般性的字体,而是一种符号化的字体。所谓符号化的字体或字体符号,是指字体经人为的设计后被符号化了,并由此构成了一个特定的视觉图形,而在这一图形中,字体虽然产生了很大变化或变形,但其母型仍清晰可见,如张小泉(图5-28)、百度(图5-29)的字体符号图形。人们在看到这些符号时,不仅可以产生出图形联想,而且可以进行字体的默念。

图5-28

图5-29

与字形符号有所不同,字体符号更多是以字的表现和强化为主,在符号中字是主体且占有主要位置,在其构成上主要有两种形态,应用最多的字体符号是用字体直接构成图形,如吴裕泰、佳能(图5-30)的字体符号。还有就是用字体的拼音结构组成图形,如宝洁(图5-31)的字体符号。

图5-30

图5-31

　　字形符号更多强调形的表现与变化,在此图形的变化更为丰富,字体在图形中有时占主体位置,而有时却处于次要位置;字形符号还有一个显著特征就是谋求字体的图形化变化,更多强调用字体的变化形成图形效果,所以在这种变化下,有些字的母型就被藏到了图中。

图 5 - 32

如丰田汽车(图5 - 32)的标志图形就将 T、O、Y、A 这几个英文字母藏到了图中,字母在此演变成了图形。

　　字体符号的一个显著特征就是具有较强的可读性,正是这一特征使其符号的记忆与识别功能大为增强,在市场群体观察这些视觉符号时,往往会在潜意识中对字体进行默念,这就在不经意间加深了对企业的印象与记忆,由此,不仅使企业的名称概念得以强化,使企业归属感极大增强,而且使企业形象在一种读与记的结合中潜移默化地传播开来。同时由于可读与发音的特定形态,直接促进了听觉传播的强化,使市场群体由听觉直接建立起了形象概念的认知,而听觉认知无形中又推动了形象信息的扩散。当消费者目睹了听觉概念中的视觉直观要素时,即看到企业的字体标志或尝试到企业的产品时,便会对企业形象形成更为深刻的记忆。

　　字体符号在快速构建企业概念并形成归属意识的同时,对企业特定文化体系的形成也形成了巨大推动,字体符号不仅催生了一个字号概念,更强化了一种字号文化的形成。当人们目睹或默念张一元、吴裕泰等字体符号时,人们的第一反应不再是一个人名的概念,而会把它视为一个企业的化身。而当我们看或听到同仁堂(图5 - 33)字体符号时,我们不仅对企业有了一份认知,更有了一份认可。此刻,字体符号不仅表现了企业的

图 5 - 33

名称,更传递出了一种"同修仁德,济世养生"的经营宗旨,传达了一种"同心同德,仁术仁风"的追求。透过字体符号人们可以感受到一种"以提高人类健康水平和生命质量为已任,以义取利、以诚守信,以爱国爱人之心、仁药仁术之本,取信于民,造福人类"的文化内涵。

我国老字号企业的快速发展及长盛不衰,与其内在的文化精髓有着直接的关系。而这种文化的形成又与其应用的可读、便认、可记的字体符号有着密切的关联。字体符号及由此构筑的文化体系直接扩展了企业的市场空间,并形成了字体符号带动下的,读、识、记相结合的企业形象传播。

(二)字体符号的视觉传达

从形象视觉传达层面看,字体符号传播的关键及难点在于突破接收瓶颈,而其中最主要的就是视觉接收障碍。因为这种视觉接收要求信息接收者必须具备文字识别能力,同时还要具有一定的外文识别能力,如果两者不能兼备或只具备其一,都会造成识别困难。而识别上的阻力将直接制约形象的广泛传播。不仅如此,文化及语言的差异使文字在跨文化与跨地域的传播中会受到很大限制,所以,字体符号在跨地域的市场传播中很难形成识别优势,使企业向更大市场,特别是国际市场的扩展遇到阻碍。

对于应用汉字的中国企业来说,这种阻碍会更大。因为汉字是一种象形字,很少用拼音结构表示,而汉语在历史上又非国际通行语言,应用的范围有限,所以掌握汉字的国际人士相对缺乏,而既能识别汉字又能懂得汉字其意的人就更少,这就为通过字体符号实现市场扩展的中国企业带来了更大困难。我国相当一批的民营企业,特别是老字号,基本上都是采用字体符号,这无形中对企业的国际化发展和广泛市场传播造成了瓶颈。我们可以通过中美两个餐饮企业东来顺和肯德基(图5-34)的视觉图形对比,清晰地看到字体符号在视觉识别及市场扩展上的不足。这正是很多国外企业能快速发展国际市场的重要原因。

字体符号在传播中的另一大不足在于图形的复合概念不高。所谓图形的复合概念是指图形表现出的多重含义,即图形的意指关系问题。复

图 5-34

合概念还可理解为当市场群体看到或阅读了图形后,由图形解读到的企业的各种信息。比较图形与色彩符号,字体符号的概念表达比较狭窄。由于字体的概念空间极为有限,所以一般人很难从字体上解读出更多的内容。例如上面提到的张小泉,单就这三个字而言,人们很难知道张小泉是谁,是做什么的,产品有什么特色,企业有什么追求。所以比较图形与色彩符号中的丰富概念体现,字体符号在进行形象综合信息传达及复合概念体现上显得非常不足。

为了克服这一传达上的弊端,提升字体符号的复合概念,人们大多寻求从三个方面进行突破。

1. 从字体的名称上进行概念叠加

例如全聚德,显然企业在努力寻求由名称而建立的概念复合体系。名称的核心或要传达的主体内容就是"聚德",聚德、重德、讲德、传德构成了企业发展的宗旨,而全聚德要在更大、更多和更广的层面体现这种发展宗旨。所以企业名称对企业形象概念不仅予以了叠加,更进行了深度诠释。

2. 从字体的变形设计及组合上融入更多的概念内容

在此,更多是依据形象诉求及要表现的概念体系,通过字体的一些组合形态与变形,使其涵盖更多的复合概念,并以这种变形的字体传达企业形象特征及发展目标。图 5-35 是日本佳能标志图形的字体结构,由此可以看到每个字母都是精心设计的,企业用字体的形态,传递形象的诉求及产品的特质,同时表现佳能所追求的规范、标准、精准及盛典的理念。这一字体符号不仅很好表达出了品牌特征,更由此奠定了企业追求的精准、领先、高端的文化品质,这一品质使佳能产品深受市场群体喜爱,使佳能的品牌影响力及价值快速提升。我国运动饮料品牌脉动的标志图形(图5－36),属于典型的字体变化与字体变形。首先脉动两个字不属于任何的规范体式,如宋体、黑体的范畴,完全是一种独创。尽管字形发生了很大变化,但其母型仍清晰可见,此标志属于典型的字体符号。字体的变化使脉动蕴含了更多丰富的概念,字体不仅简单、清晰、易读,有较高的识别性,而且独具匠心地将原有的艺术字体进行了恰当的变形,使字体具有了强烈的动感和活力,字体的变化及表现力与饮料的功能完全吻合,恰到好处地传达出了产品信息。在字体的组合上,将字母O用橙子替代,更增强了人们对饮料口味的感性认识。脉动的字体符号不仅使产品市场迅速打开,更使运动与功能饮料的概念在市场中快速传播。

图5－35

图5－36

3. 从字体的图形化组合上提升概念空间

所谓字体的图形化组合就是用字体构成特定图形。这里需要明确的是,这种图形化组合与用字体拼成图形有所不同。用字体拼成图形,即图形的字拼形态,在很多情况下字体的母型已不存在了,而图形化组合尽管有图形形态呈现,但字的形态没有被破坏,仍然直观可见且一目了然,所以字体的图形化组合更多表现为字体与相关图形的有机结合。在这种结合中,字体不仅原型没有被破坏,而且还处于图形的主要位置,由此形成了既有字体又有相关图形的特定视觉要素。相关的图形对字体的概念予以了一定的复合,由此使字体符号中的字体概念进一步充实。例如上面我们提到的中华香烟的标志图形,字体元素"中华"非常清晰,且占据图形的主要位置,而为突出品牌的实力及民族特色,图形组合了天安门及华表的造型。这种组合不仅彰显了产品"国货精品"的概念,而且极大提升了品牌的地位,塑造了一种强势及领先者的形象。这种由字体符号构成的图形为视觉与听觉的立体传播奠定

图 5 – 37

了很好的基础。我国家电企业"海尔"的标志图形(图 5 – 37)也在一定程度上采用了字体的图形化组合。在图形中"海尔"的字体非常明确且居于主体,当人们看到这一标志时,能非常清楚地看到字体并顺口读出。图中的两个小孩及各自的手势则直接起到了对字体概念的复合,传递出了海尔是中国与德国合资的企业,海尔是生产制冷产品的,且产品质量是最好的,海尔是值得信赖的。再看海尔的字体形态,充分体现了一种动态与平衡,变中有稳、变在其中,每一笔都蕴涵着勃勃生机,有着强烈的视觉动感,充满了活力,寓意着海尔人为了实现创世界名牌的目标,不拘一格,勇于创新。

五、吉祥图形与视觉传达

(一)企业吉祥物与吉祥图形

在中华文化中,吉祥代表了人们对一种美好境遇与生活的期盼,表达了人们对一种事物美满结果的渴望,揭示了人们"行善除恶以求逢凶化吉"的心态。为求得吉祥,人们不仅在自身行为上自律自检,更采用某种信物,或佩带在身,或置于生活中的一些物体上,以此希望信物能带来平安和幸福,这种信物就被人们视为或称为吉祥物。几千年来,吉祥文化构成了中华文化的重要内容,吉祥物更是人们对吉祥追求的重要表现形态。

企业吉祥物直接体现出了企业的发展目标与追寻的市场状态,它不仅再现了企业在精神与文化上的诉求,更由此建立了企业形象的识别体系,以及市场扩展与竞争力提高的战略体系。对于一个拥有悠久文化的文明古国而言,用吉祥文化引领更多企业,用吉祥物塑造企业形象,并以

此进行形象的视觉传达,对我国经济与企业繁荣无疑将会起到巨大推动作用。

所谓吉祥物或吉祥图形更多是人们通过一种有独特内涵的视觉图形,表达自身的追求,传递向往的意境,同时由吉祥物的应用再现自身的品质与地位。吉祥物与图形不仅构成了与使用者的直接关联性,而且直接体现了使用者的自身特点和目标追求。企业吉祥物与图形顾名思义是指将吉祥物应用在某一特定企业上。企业使用吉祥物的目的主要在于三个方面:其一,寄托企业的发展目标和对事业长远稳定发展的期盼;其二,表达企业及产品的状态与特点;其三,打开并拓展市场,形成在吉祥物表达与传播基础上的形象塑造。由此看到吉祥物在企业的应用,不仅是一种对发展状态的向往,更是以此塑造特定形象并传达形象特征的有效手段。所以,吉祥物的应用对企业形象特征的体现与传达极为重要。

吉祥物设计是企业视觉识别系统中的重要内容。以往很多人会把企业象征图形视为吉祥图形,这种认识是错误的。象征图案虽然也是VIS 系统的主要内容,但它更多是用来充实标识内涵,使标识更完整,更易识别而设计的图案。如在"康师傅"的标识(图 5 - 38)中,在康师傅三个字的旁边设计出了一个"大厨子"的造型,这个造型就是企业象征图案,但它不是吉祥图

图 5 - 38

形或吉祥物。吉祥物与标识在视觉上是有区分的,一般情况下吉祥物与企业标志相对分离。如图 5 - 39 的"旺旺"品牌,其企业标志是字体图形

图 5 - 39

旺旺,而大眼睛的卡通小男孩则是其吉祥图形。此外,象征图案在表现形式上比较多地采用与标识既有差异又有共同点的简单图案,而不是一个相对独立的图形,而多数的企业吉祥物则是一个与企业标志完全不同,相对独立的图形,这种图形有时会涵盖比标志更为丰富的内容,会产生更高的视觉关注度,会形成与标志同等甚至更高的视觉传播效应。

也有将企业标识与吉祥图形合为一体的应用形态,如中国国际航空公司,凤凰图形既是企业标识又是吉祥图形。由于凤凰是中华民族自古以来所崇拜的吉祥鸟,且传说凤凰有预感前方危险而总会选择最安全的飞行路线的能力,这与中国国际航空公司所提倡的“安全第一、顾客至上、诚信为本”的经营理念完全吻合。因此,凤凰图形不仅成为了一种识别与传达载体,而且成为了一种企业与消费者对生命安全的期盼与寄托,这一图形还传递了企业对消费者生命、安全与利益的维护。但这种合为一体的应用形态只适用在一些特定的行业中,不具有更多的普遍性,所以多数的行业和企业是将两者分开使用的。

吉祥物与吉祥图形间也有一定的差异,吉祥物比较多的是指一个实物体,物体可以是一个抽象的图形,也可以是一个实实在在的物品,如某一种植物或一种动物等。而吉祥图形更多是指参照一种物体设计而成的特定图案,这个图案可以与物体的形状完全一致,也可是基本轮廓相像。所以企业吉祥物在创意设计层面上空间较小,而吉祥图形却有很大的设计空间。

最早开创企业吉祥物应用先河的是米其林轮胎,它的吉祥物从 1898 年诞生的那一刻起,就代表着公司形象。米其林轮胎的吉祥图形是第一个具有现代意义的商业吉祥图形与吉祥物。1897 年在安德鲁与插图画家奥格·罗的共同创意设计下,吉祥物比邦多姆的形象诞生。这个吉祥图形成了强大的视觉表达及视觉关注,而且会从“米其林先生”的体态与纹路中,解读出产品的特质,以及企业在发展方向上的目标追求。

(二)视觉传达中的吉祥图形应用

吉祥图形在传达企业形象特征上主要有三种形态。

1. 吉祥图形对企业形象的直接表达

在此吉祥图形更像是企业标志的一种延续,甚至有些吉祥图形具有很强的企业标志功能,如上面提到的中国国际航空公司的吉祥图形,以及我们非常熟悉的七匹狼男装的吉祥图形。这类吉祥图形通常是应用一种有特定内涵的图案,将企业自身的特点以及在形象上的主观诉求,直接反映并尽情体现。七匹狼男装用一只勇往直前、飞速奔跑的狼作为吉祥图形,通过图形中狼的昂首摆尾,四脚蓄势勃发,给人以勇往直前、奋勇前行、不达目的誓不罢休的感觉,寓意企业敢于面对困难、迎接挑战,在挑战中生存、在挑战中发展的形象诉求,同时寻求企业能在吉祥图形的护卫下快速发展。

2. 吉祥图形对企业形象的间接性表现与传达

此刻吉祥图形与企业标志有所分离,两者各为一种独立的视觉要素,吉祥图形更多起到对企业与品牌形象的快速识别功效,因此,强化品牌概念,或用吉祥图形告知人们企业进入了一个新的领域。例如,NEC 是日本有着上百年历史的综合家电企业,但这样一个有着悠久历史的企业十几年前在日本却只有 15% 的市场认知度。远远低于日立、松下、东芝这些后起之秀。1992 年,NEC 为了开拓市场,设计推出了具有亲和力的"集市小猴"的企业吉祥物图形。这个卡通形象的吉祥图形与 NEC 公司的企业标志是二个完全独立的视觉要素,如图 5 - 40 所示。吉祥图形完全是为提

图 5 - 40

升企业识别力而设计的,正是这一吉祥图形在海报宣传、产品介绍、各种促销活动中的应用,使 NEC 公司的品牌认知度提高到 83.7%,NEC 凭借着吉祥图形的应用,吸引了更多消费者的注意,由此扩大了市场,提升了品牌认知度。

3. 应用吉祥图形对企业形象形成既含蓄幽默又涵义丰富的深刻表达

在前两种吉祥图形的企业形象传达中,吉祥图形与企业特征、产品特点、市场概念或多或少地能形成一种内在的联系。但在这种吉祥物与图形的应用上,吉祥图形与产品特征、服务领域基本没有联系,图形与企业概念几乎是完全分离。但正是这一分离,形成了吉祥图形对企业形象及企业发展目标更为丰富和深刻的表达;形成了吉祥图形对企业形象更为全面的塑造及更为广泛的传播。最为典型的莫过于麦当劳的吉祥图形即吉祥物"麦当劳大叔"了,如图 5 – 41。滑稽的小丑脸和大大的双脚,不仅极大提升了视觉的关注度,而且使人一看便有欢乐感产生。这种欢乐感增强了企业的亲和力,直接将企业所诉求与传达的"快乐就在麦当劳,麦当劳向你提供安全食品与优质服务"的形象诉求尽情显现。同时也将麦当劳的"享受 + 娱乐 + 时尚"的文化概念清晰而准确地传递出来。

图 5 – 41

第六章

企业视觉化管理

一、企业管理形态的理论分析

我国自改革开放以来,管理问题特别是企业管理理论的研究与应用,受到了人们的高度重视。经过 30 多年的历练,在各类人员,特别是广大理论工作者与企业各类管理者的共同探索、尝试及努力下,我国的企业管理水平有了整体的提高。我国经济总量的提升及大批有影响力品牌的涌现,正是管理水平提升的有效印证。但在我国企业管理水平呈现整体提升的同时,又必须看到我们的管理与发达国家间仍然存在着不小的差距。特别是随着我国城镇化速度的加快,大量农业人员向工业领域转移,管理再次成为推进企业乃至城市发展的重要因素,在有些层面上,管理问题直接关系到企业的国际化发展战略,关系到我国的社会进步。因此,我们必须对涉及企业与社会发展的各类管理问题,特别是管理的基本形态问题进行更为深入的理论研究,企业视觉化管理正是其中的重要领域。就我国目前的整体管理水平而言,对视觉化管理及间接管理形态的理论研究较为缺乏,所以我们在此探讨这一问题,不仅有利于推进企业的管理水平与经济效益,还有利于使我国的社会文明水平、国家形象有一个整体提高。

所谓管理,中外学者从各自的研究视角给出了不同的解释,"科学管理之父"弗雷德里克·泰罗(Frederick Winslow Taylor)认为:"管理就是确切地知道你要别人干什么,并使他用最好的方法去干。"法国著名管理学家亨利·法约尔(Henri Fayol)在其名著《工业管理与一般管理》中写道:管理是所有的人类组织都有的一种活动,这种活动由五项要素组成,即计划、组织、指挥、协调和控制。这一观点颇受人们推崇与肯定,形成了有代表性的"管理过程学派"。而诺贝尔奖获得者赫伯特·西蒙(Herbert A. Simon)则认为"管理就是制定决策",并由此建立了"管理决策论学派",管理大师彼得·德鲁克(Peter F. Drucker)认为:管理是一种工作,它有自己的技巧、工具和方法;管理是一种器官,是赋予组织以生命的、能动的、动态的器官;管理是一门科学,一种系统化的并到处适用的知识;同时管理也是一种文化。20世纪后期,西方很多管理学家将管理视角转为"引导人力和物质资源进入动态组织以达到这些组织的目标,亦即使服务对象获得满意,并且使服务的提供者亦获得一种高度的士气感和成就感"。我国著名管理学者、首都经济贸易大学工商管理学院教授黄津孚认为:"管理是人们通过计划、组织、激励、协调、控制等手段,为集体活动配置资源、建立秩序、营造氛围,以达成预定目标的实践过程。"

由上述学者们的论述及观点来看,管理是指在特定的环境下,以人为中心,通过计划、组织、指挥、协调、控制及创新等手段,对组织所拥有的人力、物力、财力、信息等资源进行有效的决策、计划、组织、领导和控制,以期高效地达到既定组织目标的过程。管理也是指一定组织中的管理者,通过实施计划、组织、人员配备、指导与领导、控制等职能来协调他人的活动,使别人同自己一起实现既定目标的活动过程。

在此不难看到,无论是哪个学派及何种概念解释,都明确强调管理是一种活动,是一种有既定目标并追逐一定利益的活动,强调管理是通过各种形态(手段)——决策、计划、组织、领导和控制等实现目标的活动过程。可见,所有观点更多将企业管理视为一个依据特定目标,对人、财、物资源进行有机协调的过程;视为一个对从事劳动过程中人员的基本行为进行有效控制以及使其劳动积极性不断激发的过程,视管理为管理主体——管理者,对管理客体——从事劳动活动的人员,发送管理信息——命令,并进行必要监督的过程。由此可以看到,对劳动过程中人员行为的控制,以及使劳动者具有更高的成就感和工作热情,直接构成了企业管理的主要内容,同时也就自然成为了管理者的主要工作。

对管理的这种解析与认识在很长的时间里,始终在指导着我们的管理活动运行,而我们无论是对企业还是其他领域,对这种管理形态早已习以为常,且一直在不遗余力地执行。从理论及实践层面讲,理论观点没有问题,实际操作也没有错误,但随着社会与市场的发展,我们今天必须要对管理,特别是管理形态予以重新定位,必须充实新的内容。

在以往的管理概念与认识中,更多强调一种"管"的形态,"管"原意为细长而中空之物,其四周被堵塞,中央可通达,使之闭塞为堵,使之通行为疏,"管"表示一种有堵有疏、疏堵结合。所以,管既包含疏通、引导、促进、肯定、打开之意;又包含限制、规避、约束、否定、闭合之意。我们以往对管理更多看重"管"的色彩,而这一色彩带有很高的强制性,因此在我们长期的对管理形态的认识与实践中,比较注重的是以"管"为中心的,以法律、法规、制度、条例为主要手段的监管式管理,而对于以形象、心态、习惯、环境等为手段的约束式管理比较忽视,且应用甚少。图6-1是两种管理形态的基本内容与运行方式。

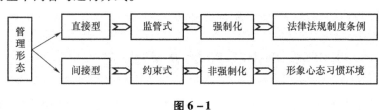

图 6-1

由图6-1可以看到管理的基本形态可以分为直接型的监管式管理与间接型的约束式管理。监管式管理具有较高的强制性特征,而约束式管理的强制性特征相对较弱,更多是通过一种无形与外部的影响力来对管理者形成干预,由此使其行为达到一种合理化、规范化与优质化。间接型的约束式管理的主要手段或基本依据是形象、心态、习惯、环境等,其中形象是一种重要形态,而以视觉要素所表现的企业视觉形象体系,对管理过程的运行及效果起着重要作用,直接构成了一种以企业视觉要素为依托的约束式管理形态,我们可以把这种管理形态称为企业视觉要素与视觉化管理。企业视觉化管理对企业管理水平及管理效率的提高有重要推动,对管理者行为约束机制的形成、对企业管理激励机制的产生、对一种特定的管理文化的构建,以及对整个市场环境的优化都有着极大的正向推动作用。所以,对企业视觉化管理理论的认识与研究,不仅可以提升应用者的管理水平与效率,更是对企业管理手段的一种极大丰富。

此外,心态、习惯、环境等要素在间接型的约束式管理中也起着重要的作用,如一种追求完美、精致认真的生活习惯,一定会延伸到其他领域,会在做任何事时都力求完美与精致,这样,习惯无形中就产生了一种对行为的间接制约效应,而这种制约完全是非强制化,不需要任何人监督来完成的。环境更是一种无形与非强制性的行为制约因素,这种因素我们可以视为一种社会与公众的行为干预效应。如饭前大家都去洗手,即使你平时饭前不洗手,而此时你也会随着大家去洗手,因为你不希望大家另眼看你,或把你视为不讲卫生和不文明的人。而要形成环境的行为间接制约或产生一种强大的环境行为制约力,整体地提高环境素质、提高企业与社会的文明程度、提升社会全体人员的基本文化素质是关键与核心,这也是我国当前社会发展中亟待解决的问题。

二、企业视觉化管理的基本形态

关于企业视觉化管理的基本形态或称表现方式及其特定作用,我们可以从四个方面来理解。

(一)企业视觉要素可形成对特定行为的直接约束机制

任何一种视觉要素,只要它应用在我们的生活中,就会或多或少地对我们的行为产生约束效应,我们设计与应用各种视觉要素的目的,在很大程度上也是力求通过对它的使用,以及由此产生的识别和解读,形成一种特定的行为规范效应。所以,通过视觉要素即视觉图形达到直接的管理功能,是应用视觉要素的一个重要出发点。如"禁止吸烟"(图6-2)与"禁止驶入"(图6-3)的视觉图形,就直接产生出了对行为的某种限定;又如我们生活中最为熟悉的"人行横道"(图6-4),是一个典型的用于交

图6-2

图6-3

图6-4

通管理的视觉要素,它不仅直接说明了可以横穿马路的区域,又在通过视觉图形对人们的行为予以要求和规范。由此,视觉要素形成对一种特定行为的直接干预,行使了管理的作用。

同样,企业视觉要素也是通过各种视觉直观化的表达形态,将管理工作中的一些要求及规定,直接与直观地表达出来,以此形成对工作行为的制约,从而达到企业管理的目的。图6-5中是一些在建筑施工管理中最为常见的视觉图形,在此视觉要素将安全管理的要求予以直接表现,形成了对被管理者行为的直接及有效控制。此外,一些视觉要素不仅可以形成对企业的直接管理,还会起到对行业行为的直接规范及监督效应。如产品包装上的"绿色食品"(图6-6)的视觉图形,这一视觉要素的使用,无形中为企业的生产活动和员工工作行为制定了相应的标准,同时也给企业的管理工作提出了直接要求。要想使企业的产品与所用的视觉要素名实相符,企业就必须组织好生产,把好质量关,提升管理水平,否则市场群体就会对你的产品及你的管理提出质疑,甚至提出经济赔偿要求。这种具有行业直接监管效应的视觉要素,在一定程度上同样还具备直接监管社会行为的作用,起到一种对市场整体行为的直接干预。所以市场中的视觉图形越多,对我们行为的约束力就会越高,而由此带来的直接管理功效就会越大。

图6-5   图6-6

(二)企业视觉要素可形成间接型与非强制性的约束式管理形态

关于间接型与非强制性的约束式管理形态,我们已经做了阐述。这种形态下的管理,管理者与被管理者间通常不直接碰撞,它更多是通过一种约束机制的形成,使被管理者在约束机制的影响与制约下,自觉自愿地完成特定的工作内容,如由求精求细心态而形成的一种行为约束机制,由追求完美的习惯而导致的行为规范性等。而由企业视觉要素所建立的企业形象,以及市场群体对这种形象的广泛认可与关注,可以形成一种极高的行为约束力,这种约束力可以直接形成间接型与非强制性管理机制,由此产生出强大的管理功能。

在关于形象的基本理论中我们已经谈到过,同一性是形象的一个重要特征及基本表现,即一旦一种企业形象获得了市场群体的认可,形象主体即企业,在其所有的形象表现层面,就必须遵守和坚守这种认可,其各种行为表现必须在这种认可的基准层面之上完成。反之,形象客体,即消费者和各类管理者,就会以这个被认可的基准形象为评判标准,对你的各项工作进行监督。这个被市场群体认可的形象体系由此构成了一种间接型与非强制性管理形态。如果此时在形象体系的某一点上出了问题,市场群体在此不会只否定这一个点,往往会对整个企业产生质疑,甚至是否定。

当以企业视觉要素所表现的形象体系获得了广泛认可,或被定义了某一特定概念,如"大"企业或"先进"企业时,市场群体与各类管理者,就会自然形成一种带有无形约束性的行为表现评判标准,即给你制定出与大和先进相对应的评判体系。这个评判体系不仅是企业在管理中必须遵守的标准体系,而且又是对企业必须不断提高管理水平的一种督促。此时,进入具备先进企业视觉要素工作区域中的职工,或佩戴表现先进企业视觉要素的工作人员,其行为表现就必须符合这种带有约束性的行为评判标准,否则,将会直接形成由个人行为造成的企业形象损伤。由此可以看到,视觉要素直接铸就了形象,而形象又直接确立了标准,标准直接催生了管理的要求及尺度。

对于那些有资格佩戴拥有良好形象力的企业视觉要素的员工来说,视觉要素无形中使得他的身份因此企业化、集体化、高大化及荣誉化,直接导致了一种自身行为与企业荣誉的关联关系,这种关系不仅可以促发一种行为自律体系,而且会极大提升员工的归属感与荣耀感,使得企业忠诚度进一步增强,而荣耀感与忠诚度不仅会强化员工的工作主动性及责任心,更可使企业内部的工作运转进入到一种良性循环。由此可见,由企业视觉要素构建的间接约束机制,促使企业管理者与生产者必须在各个领域增强管理实力,提升管理效率,提高管理效果,而管理绩效的提高正是管理工作的核心内容。

间接型与非强制性的约束式管理形态,是一种非常有效的管理手段,目前我国对此方面的研究和应用还比较缺乏,相信随着我国经济改革的深化,特别是我国社会文明水平的不断提高,这种管理形态将有巨大的应用空间。

(三)企业视觉要素可形成企业管理中强大的激励机制

在企业管理中,激励机制的形成是任何企业都追求的。激励机制可极大调动劳动者的工作热情,可使劳动者的工作主动性与责任感提高,可形成企业内部超强的凝聚力,所有这些正是企业战胜各种困难,保持不断发展的重要保证。所谓激励是指激发人的动机,使其产生一股内在的动力,从而朝着既定目标前行的心理调整与能量聚合的过程。激励是对人心灵及潜质的一种刺激,是促进和改变人行为状态的一种有效手段。激励的过程更多是领导者引导并促进工作群体或个人产生有利于管理目标实现的过程。激励可以激发人的内在潜力,开发人的能力,充分发挥人的积极性和创造性。

激励机制形成的核心在于激励因素的形成与完善。美国著名心理及管理学家费雷德里克 · 赫茨伯格(Frederick Herzberg)于1959年提出了双因素激励理论,这一理论为研究管理中激励机制的形成奠定了很好的理论基础。这一理论将调动员工工作热情的因素分为保健因素和激励因素,而在激励因素中,工作的认可度、成就感、荣誉感、责任意识等是其主要内容。

成就与荣誉感是形成激励机制的重要内容,而一种荣誉与成就感的形成与所属企业的良好形象有着密切的关系。当员工佩戴表现企业形象的视觉要素或进入彰显视觉要素的工作场所时,员工的企业归属感及个人荣誉感无疑会油然而生。在这种荣誉与归属感的感召下,员工的工作热情及主动性将会随之被激发和调动起来,员工对企业的忠诚度也会不断提升。忠诚度的提高无疑将会形成企业更大的凝聚力以及士气感,而一个拥有凝聚力和士气感的企业,必然会形成战胜各种困难的巨大动力和超大能量。

工作主动性、自觉性及热情的提高将会极大强化企业的能量聚集,而工作凝聚力与士气的高涨无疑又会使企业的竞争力与抗风险能力不断提升。所以,企业视觉要素在形成企业激励机制、提升管理效率上有着非常大的作用体现。纵观世界一些知名企业,在利用视觉要素形成激励机制从而达成管理功效上,都有着成功的尝试及巨大的收效。如美国著名的物流企业联邦快递集团(FedEx Corp),在其管理中就非常重视企业视觉要素的应用,尤其注重发挥视觉要素所形成的激励作用。联邦快递集团的视觉图形(图6-7)是一个较为典型的字体符号,从符号的表面上看没有什么独特特征表现,但仔细观察在字母 E 与 X 间有一个明显的箭头,它表达了企业对"高效、精准、周到"的目标形象追求。企业在各项工作的运行及管理中,力求通过视觉要素整体再现及传达这一形象追求,所以在员工的着装上,企业不仅有着规范与统一的格调,更强调对视觉要素的集中表现。其目的,一方面是突出形象的识别力,另一方面就是增强员工对企业的归属意识,调动员工的工作热情。这一视觉要素的广泛应用,不仅使企业的形象力得以快速提升,更产生了一种强大的视觉激励效应。这种效应在为企业强化管理基础工作的同时,为联邦快递获得高达320亿美元的年收入提供了很好的保证。

图 6-7

在探讨企业视觉要素的管理激励机制这一问题时,我们不得不提"上海制造"所产生的具有时代意义的激励效应。尽管"上海制造"四个字不属于企业视觉要素的范畴,但无论是图形(字体形状),还是由此生成的独特概念,都在一个时代产生了巨大的激励效应(图6-8)。每当消费者看到产品上的字体时,不仅会产生一种强烈的信任感,更会由衷地形成一种自豪感。这种自豪感表达了一种对中国工人的敬意,更表达了一种对社会制度的崇敬。而当生产者看到这四个字时,会有一种无比的荣耀,这种荣耀将会对他的工作精神与责任意识形成一种巨大的激励,由此使工作自觉性与责任心进一步提高。所以,在我国,很长一段时间里,"上海制造"已不仅是一个地域生产者的概念,而是一种民族精神的象征,一种中国制造的实力体现。

图6-8

（四）企业视觉要素可促使企业特定管理文化的形成

企业在应用视觉要素时，除强调它所产生的识别、传播等众多功能外，一定还包含着一定文化概念的诉求。而一个真正有表现力的企业视觉要素，不仅能够形成对产品及企业基本层面的表达，而且可以形成对一种特定管理文化的诉求与构建。

文化是一种无形的体系，管理文化的核心在于在企业中构建这一体系，并使这种体系被广泛认可，使之成为诱发和激发员工工作热情的动力，成为建立与维系企业管理秩序的保障，成为拓展市场与提升竞争力的手段。所以当一种管理文化在企业中被确定、认可、追求后，由此而设计生成的视觉要素，便直接构成了这种文化体系的图形化表达。在此，视觉要素既是对管理文化的整体再现，又是对这一文化体系强化与传播的直接推动。还要看到，这种依托视觉要素形态的管理文化体系的表达与传播，在很大程度上可以突破地域、语言、文化背景等方面的限制，可使消费者通过对视觉图形中文化概念的解读，整体认识到管理文化中的核心价值，并在建立起共同价值观的基础上，形成对企业的忠诚及对品牌的钟爱。

曾几何时，很多人把拥有一辆上海永久牌自行车作为梦想。上海永久，一个时代的骄傲，一个特定时期的经典之作。用汉字"永"和"久"拼成的自行车图形，既再现了生产者的归属，又直观表达了企业对产品质量的追求，视觉要素不仅再现了产品的内在特质，更表达了企业追求精艺、潜心做事、踏实无华的文化品质，直接奠定了以上海永久为核心的、具有一个区域特征的管理文化体系。这一体系为我们缔造了一个时代的文化现象，即追求朴实无华、敬业奉献、表里如一的工作作风，为优质产品制造打下了很好的基础。当人们在上海永久的基础上整体认识上海制造时，人们所寻求的不再是一种产品，而是一种文化，一种透过产品而生成的企业管理文化。正是这种文化推动了一个区域整体水平的提升，更推进了一个时代的发展。

而全聚德通过字体符号（图6-9），不仅直观再现了企业的名称概念，更由此名称构建起了明确的管理文化体系，这一体系的核心就是"德"与

"聚德"。聚德、重德、讲德、传德,既是企业的形象追求,又是企业追寻的一种文化品质,这一文化品质的精髓正是我国老字号普遍奉行的诚信为本、公道守规、货真价实、服务优质的商业道德和经营理念。这种文化品质不仅是老字号们赖以生存,得以传承,用以发展的基石和保证,更是我们今天这个时代要大力提倡及弘扬的精神。没有这些文化的基石,中国企业就很难立足世界,更难进入更大的世界市场。

图 6-9

三、企业视觉要素与市场有序化

30 多年的改革开放使中国经济发生了巨变,2012 年中国已成为世界第二大经济体。相较计划经济时期的商品匮乏,凭票购物,今天的市场可谓货物丰盈、琳琅满目。不可否认,市场经济为中国的繁荣注入了动力,使市场供应得到极大丰富,对于长期受困于缺食少物的中国人而言,大感我们的市场经济建设已硕果累累。但在市场经济日新月异之时,另一重要问题在不断困扰着我们,这就是如何实现市场经济的有序化。市场经济建设不仅需要繁荣,而且必须要有序,繁荣与有序在市场经济发展中是同等重要的。如果说繁荣度是市场经济中的一种数量性指标体系的话,那么有序化就是市场经济中的规范性指标体系。

1. 繁荣度、有序化指标体系

(1)繁荣度指标体系的表现形态主要有:①物质产品供应充足、数量与品种繁多;②需求旺盛、供给量能最大化地满足日益增长的物质需求;③市场买卖关系更多表现为以买方为基本主体,消费者选择商品与企业,而非企业与商品制约消费;④生产同类商品的企业繁多,企业与商品间的竞争非常激烈。

(2)有序化指标集中体现在:①商品质价体系清晰,消费者购买方向明确;②名优与品牌商品主导消费行为,决定消费动机的基本次序;③品牌商品与一般商品有较大的价格差,品牌商品具有较高的市场关注度;④企业非常重视自身形象的塑造,注重商品的品牌化营造,并以此获得广泛的市场占有及高额的经济回报;⑤企业间的竞争更多表现为以形象力和品牌概念为主体的竞争,而非商品质量、价格等单一层面的竞争。

2. 繁荣度与有序化间是紧密联系、不可分割的

繁荣度是有序化的前提,市场只有进入繁荣状态,经济才有发展的基础和保证,才会更多要求有序化。我国改革开放以来,把比较多的精力放到了繁荣度的发展上,并由此取得了显著的成就。但有序化对繁荣度有极大的推动与制约,市场经济只有在一种有序化的状态下,企业与消费者的利益才能有所保证,企业才能实现最大化的市场回报,才会有向更高目标追求,向更高领域迈进的信念。同时,有序化可使消费者的权益得到最大化的维护,并不断激发消费者追求更好产品的欲望。而无论是企业的追求还是消费者的欲望,都将推动市场走向更加繁荣,否则市场将会陷入一种无序化状态,导致商品质价体系混乱,优质与劣质商品混同,品牌商品被假冒等不良现象。这种状况会直接导致消费者利益受损,企业利益及发展信念遭受重创,长此下去,将直接危及市场繁荣。繁荣度与有序化的关系,如图6-10所示。

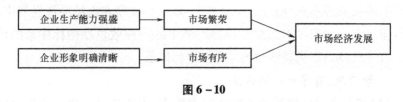

图6-10

对比我国在繁荣度上取得的巨大成就,有序化的道路还很漫长且十分艰巨。在很多领域,较30年前相比,有序化非但没有前进,甚至出现了一定程度的倒退,以次充好、以假乱真、假冒伪劣、名不副实、盗用名牌、坑蒙投机等种种无序化现象屡禁不止。无序化的市场状态不仅侵蚀着消费者的权益,更蚕食着改革开放的成果,严重影响我国市场经济的健康发展。

3. 实现市场有序化的重点

首先,也是最重要的就是企业层面。无论是生产还是服务性企业,自身的自强、自觉和自律是实现市场有序化的根本。其次,是政府层面,即市场经济的规则制定者与秩序监管者,必须要有明确的市场规则体系以及强有力的违规惩治手段。最后,就是消费者层面,要有一个明确及清晰的消费路径,最好是能对所消费的商品有一个较为清晰的质价认识。

在三个层面中,企业与消费者是一对矛盾的对立与统一。企业只有不断做出好产品,并把产品信息传递出去,消费者才能形成明确的消费选择,建立清晰的消费路径。反之,消费者有了更多企业及产品信息的掌握,才能逐步形成明确的消费方向。同时,消费者只有更多了解与掌握产品质价体系,才能不断提升消费的档次,形成对更好商品的追求;而对更好商品的追求及对名优商品的青睐,又会极大激发企业做出更好产品的信念。

而企业视觉要素对市场有序化的推动在于建立三个有效的市场体系。

（一）由视觉要素表现力与识别力为基础的、市场有序化的消费体系

消费者能力的差异化及兴趣爱好的不同,决定了市场消费的多元化形态。在由消费动机到消费行为的建立与实现的过程中,具有产品名称概念、特征形态、内在品质、形象实力等综合表现力的视觉要素,对消费档次的选择及具体品牌的选购有着直接影响。消费者出于不同的目的与动机,自然会在他们认可及有能力实现的产品中进行消费选择,在此企业视

觉要素对这种认可有巨大的影响力,如图 6 – 11 所示。对于高档次的消费而言,消费者自然会在具有高端概念的视觉要素表现形态的产品中进行购买。倘若消费者建立的是中档消费支出,一定会在具有中档视觉要素概念的产品中进行挑选。当然,作为个性化的消费来说,也会在具有个性化概念的视觉要素中选择消费。所以,视觉要素不仅建立了产品的认知与识别关系,而且也由此建立了明确的市场购买关系。如果没有视觉要素对产品名称与特征的有效表达,消费者的消费档次选择与消费路径依赖就很难建立。如果是中档或低档的产品冒用高档产品的视觉要素,即我们所谓的以次充好、以假乱真、假冒伪劣,消费者的利益必然受到损害。倘若这种冒用行为非常普遍且不能有效治理,市场的有序化就必定会被打破,市场秩序必然出现混乱,而这种混乱的市场秩序无论是对消费者的利益,还是对名优产品企业的利益,以及对企业创优质产品的信念都会形成巨大打击。

图 6 –11

(二)由视觉要素传播力与影响力为基础的,市场有序化的利益保障体系

在企业视觉要素强烈识别功能产生效果的同时,视觉传达的功能就此开启并逐步延伸,企业自身及产品特有的各种信息将会快速被消费者所获取。此前我们已经阐述过,企业视觉传达更多是依托视觉图形建立传达体系,所以这种传达体系可使企业与产品信息在市场中快速扩散,随着扩散范围的增大,认知与接受人群的增多,产品的影响力必然提升,企业的知名度必将提高,市场影响力也将逐步扩大,随着市场影响力的扩

大,企业的收益一定会快速攀升。

图 6－12

　　所以,企业视觉要素不仅在引导着消费者的市场需求,维护着产品使用者的利益,而且又在快速提升品牌市场影响力的基础上,建立起了企业利益保障体系。这一保障体系在使消费者权益保护水平更加提高的同时,使企业有了更好的市场形象,使商品取得了更高的价格认可,并使企业获得了更大的利润回报,拥有了更强的竞争力。这种利润回报与竞争力增强不仅会形成对企业更大的鞭策,使其向更高目标的发展更有动力和保证,而且还会使更多企业向其学习,营造更良好的社会氛围。这样的一种良性循环才会使市场走向真正的繁荣。如果缺少了视觉要素的保证和支撑,企业视觉要素在市场中发生了混乱,不仅消费者的利益难有保障,企业的利益也会深受损害,而这必将影响到市场繁荣及市场档次的提升。

（三）由企业视觉要素管理功能为基础的、市场有序化形态下的行为规范体系

　　所谓市场有序化形态下的行为规范体系,主要是指通过企业视觉要素形成对企业市场行为的直接监督,以及形成间接管理形态下的企业基

本行为的自律。所谓企业市场行为的直接监督,就是上面提到的用企业视觉要素的表现力及群体认可效应,形成对企业各种市场表现行为的直接管理。应当看到,处于市场中的被消费群体认可的视觉要素越多,所形成的市场直接监督机制就越强,这种机制一旦进入到一种常态化,成为全社会消费者共同奉行的市场观念,对企业行为的约束力及对市场非法行为的限制力就会大大提高,这种提高必将使市场的有序化进一步增强。所谓间接形态下的企业基本行为的自律,是指企业为使自身形象长久保持并不断提高,获得更多的认可,就必须不断强化自身合理的行为体系,不断通过管理水平和效率的提高,赢得更多人的认可,以此不断扩大占领的市场。而随着形象的提升与市场的扩展,消费者对企业的市场期望值会进一步提升,这种提升又会鞭策企业对自身行为及管理工作进行更深一步的改进。由此形成了一种周而复始改进与提升的动态发展,这无疑会使市场有序化程度大幅提高。

可以看到,就企业层面而言,视觉要素的有效应用直接构建起了企业的形象体系,这种体系在市场消费群体中的识别与接受,首先是为企业建立起了一个稳定并不断扩大的市场及购买群体,使消费者有了明确的消费路径和选择指示,对欲购的商品有了一个比较清晰的认识,形成了一种明确的购买方向。由于消费者具有不同的层次和偏好,他们会有不同的购买方向选择,企业通过视觉要素将商品信息予以有效传达,从而直接加快了消费群体对商品选择的速度,使消费者有了更多购买方向与产品质量保障上的信心。此外,视觉要素直接构建起了消费者对产品及企业行为的认定标准,企业欲保持稳定发展并不断扩展市场,就必须严格遵守这一认定标准,必须不断规范标准体系下的各种行为。由此我们可以看到,通过视觉要素搭建的企业形象体系可以直接推动市场有序化进程。

就消费者层面而言,视觉要素与视觉传达为其建立了明确的消费导向,使其对商品的质价体系有更加清晰的认识,使消费方向更加明确,消费利益得到基本保障。这种消费者权益与企业经济利益的基本保障,正是促使市场稳定及有序发展的基础。企业视觉要素在引导消费者购买的同时,也由此形成了消费动机建立的基本次序,从而使名优品牌商品获得了更多的青睐。这就为优质商品的畅销及市场扩展创造了条件,无疑会在很大程度上激发企业争先创优的动力。市场中优质与高档次产品的扩大,不仅会使消费者的需求得到更大满足,而且还会使市场中的商品结构与档次获得整体提升,这种提升无疑将会进一步扩大市场繁荣。

企业视觉要素在为消费者建立清晰购买路径的同时,也为其维护自身权益提供了条件与帮助,形成了消费者应用视觉要素为手段的、对企业的直接与间接监督。当消费者利益受到某种侵害与损害时,视觉要素可作为一种评判企业行为正确与否的有效参照物,企业视觉要素无形中构成了消费者监督企业行为及维护自身利益的武器。

企业视觉要素在市场经济建设中有着巨大的作用,目前对此理论的研究亟待深度挖掘。应当看到,我国当前市场中的无序化状态与这一理论的研究与应用滞后有着密切关系,同时与我国消费者对应用企业视觉要素进行市场维权的意识缺乏也有着直接的关系。我国企业在未来的发展中肩负着走向世界的使命,所以,加强企业视觉要素与视觉传达的理论研究,是企业乃至市场经济发展中必须认真解决的问题。

四、企业视觉化管理中的动态识别体系

(一)形象动态识别的理论内涵

在研究企业视觉化管理问题时,还有一个理论问题必须探讨,这就是由企业动态识别体系,即行为识别体系而形成的识别与管理问题。行为识别是一个非常独特的理论范畴,概括而论,行为识别就是通过一种特定的行为表现与演变过程,达到对行为者的认识、了解与鉴别,并由此对行为者产生某种概念判定。不难看到,行为不仅是完成某种特

图 6-13

定工作的过程,而且还是表现行为者状态、水平、技能、素质等的过程。在此,行为既是一种特定的活动又是一种具有识别效应的载体,这种载体可形成两个层面的概念判定:①由载体所建立的直接概念判定,这种判定集中在对行为者个体的判定上,以此可建立好与坏、正确与错误、熟练与笨拙等概念体系。②由载体所建立的间接概念判定,这种判定集中在对行为者归属的间接判定上,即企业的规模、拥有的实力、所处的位置、管理的水平等。行为识别的独特作用或者说它所特有的魅力就在于既能形成一种直接概念判定,又能促成某种间接概念的形成。而在这两层概念中,直接概念层面占有主导地位,起着关键作用。两个层面既是彼此相关的,又是相互促进与制约的。

1. 行为直接概念判断层面的认可会极大推动间接概念层面的提升,即我们对某一具体行为者的认可,会同时对行为者的归属形成好的概念认识,并建立起好的形象概念

例如,上面我们多次提到的"上海制造",就被赋予了特殊的概念内涵,当人们看到欲购商品中的上海制造时,往往会形成产品时尚、质量稳定的概念认识。为什么一个上海制造会有如此大的威力呢? 这正是基于上海产业工人的行为直接概念判断层面得到了认可,由此带动了人们对整个上海地域产品的认可与青睐。反之,如果行为直接概念判定层面不被认可,甚至遭到否定,其所归属的部门与隶属的地域都会被蒙上

阴影,形成不良的概念判定。根据行为识别理论,个体行为表现导致人们直接概念判定层面的否定,这种否定又会延续到行为的间接判定层面。可见,行为的两种概念判断是密切相关的,行为直接概念与间接概念判断之间是一种彼此促进的关系,直接概念判断的好坏将在很大程度上影响间接概念的建立;间接概念判断又会极大影响到直接概念的形成。

图 6-14

2. 行为直接概念与间接概念判断间的制约关系,指间接概念一旦形成,便会产生无形的行为制约力形成行为规范与管理效应

当由行为的直接概念判断而形成一种对企业或地域的间接概念判定后,一种特定的形象体系便会在人们的潜意识中形成,就像"上海制造"将上海的产品定位在一个特定的位置与高度时,上海制造就形成了对上海企业行为的无形制约。如果产品要冠以上海制造的概念,其行为就必须符合人们认可的特定形象概念。在此,由行为直接概念判断而建立起的形象概念,又反过来成为了对自身行为的制约要素。

3. 企业行为识别是一个行为认定与概念建立叠加的过程,行为认定是概念建立的前提,概念建立又是行为识别的终极目的

企业行为认定更多是结合行为表现与行业基本标准,而形象概念,首先是建立在行为表现与行业标准及形象诉求三者的统一与一致上,其次是建立在识别者的主观判断及对行为表现的认可上。行为认定一般会直接形成对企业行为的评判,影响接受的程度,而概念建立则是由评判和接受的程度进一步做出对企业位置、规模、等级、能力等方面的判定,并由这种判定直接形成企业的形象概念,如大企业、有实力企业、重信誉企业等。由此可以看到,企业行为识别的过程,既是企业关注者对企业行为识别与评判的过程,又是对企业形成某种形象概念判定的过程。

由行为识别理论可以看到,企业行为既可作某种个体化的行为判定,又可成为一种独特企业形象概念判定的要素。所以,从理论上来分析企业行为识别就包含了三个主体层面的内容。

(1)企业基本行为的建立与规范。行为识别是对企业的一种表象认识,而构成这种表象的实质是企业基本行为的建立。对企业行为识别的过程从某种意义上看,也是一个对企业基本行为建立体系及企业管理体系的认识与掌握过程。我们常说:"种瓜得瓜、种豆得豆",播种什么样的行为,必然会得出什么样的结果,对结果的判定实质是对"播种"的检验。所以,企业要想有丰收的果实,就必须强化果实及播种过程,即企业基本行为的规范化,企业内部管理的科学化。

(2)以行为为手段的表达与说明。这主要指通过各种行为表现向社

会公众及市场群体,特别是企业关注群体,表达企业的特点与追求,说明企业的宗旨与目标,传递企业的信息与理念,强化企业的管理与形象。在此,企业所有的行为表现,不仅是实现企业生产与服务的过程,还是一种直接向市场群体表达企业特征与目标追求的方式。所以,企业行为表现的状态及市场群体认可与接受的程度,将直接影响市场群体对企业(品牌)的识别与认可。

(3)以独特的行为塑造企业形象,再现企业形象的特征。这主要指通过一种独特的行为表现,特别是一种有典型市场特征,并获得市场群体认可的行为表现,构筑企业在市场中的高认知度和美誉度,并以此建立由行为识别而生成的良好或极具市场表现力的形象概念。

(二)企业行为识别与形象塑造

企业行为识别体系可分为基本行为建立体系与行为表现体系两大方面。两个体系互为条件又相互依存:建立体系是表现体系的前提,表现体系是建立体系的主观反映。表现体系是产生具体行为识别的载体和窗口,市场与消费群体正是由这个载体和窗口直接观察到企业行为建立的标准与规范程度,并最终反映企业的经营理念、发展目标、价值观、基本行为准则与管理手段等深层内容。同时,行为表现体系又是基本行为建立体系的一种再现过程,这一过程不仅直接再现了行为建立的准则,而且透视出了企业管理的水平与状态。所以市场中一种企业行为表现的过程,既是对企业形象诉求的过程,又是整体体现企业管理状态的过程。欲使消费者对企业行为有更高的认可并建立起更好的形象,做好内部的基础性管理工作是重要前提。在此,我们必须深刻理解企业行为识别与视觉识别的理论关系,两者虽然同属于企业识别体系的基本领域,但与由此建立的形象概念体系是不同的,参看图6-15:

企业行为识别与视觉识别是表现企业形象特征的两大系统,企业行为识别系统又包括对内与对外两大部分。企业视觉识别系统更多是要建立企业的直观与感觉形象,而行为识别更多是在这一基础上形成企业形象中的实力感与特征表现。因为我们在最初的直观形象感觉中,是体察

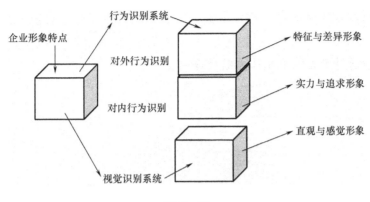

图 6－15

不到企业的实力与个性特征的,只有对企业进行深度的接触,体验其产品,感受其服务,才能领略到企业的追求、实力和特征等差异内容。一旦这种差异内容赢得了认可,我们就会对企业形成一种较为固定的认识,如有实力、有品位等。此时,再回过头来解析视觉识别系统,就会把视觉要素与这些固定的认识相连接。所以企业行为识别体系在建立企业形象中的特征与差异化概念上,不仅生动具体且要大大强于视觉识别系统。

1. 不同类型与形态的企业,企业行为识别与形象塑造间的内在关系是不同的

行为识别对形象的表现与表达可分为直接表达与间接表达形态。从大的企业类型来看,生产加工型企业行为识别体系更多是通过产品体系予以表现,所以行为识别对企业形象的特征一般是间接表达;而营销与服务型企业的企业行为直接面对消费群体,行为的好坏、合理性与认可度直接构成了消费者评判企业并建立形象概念的载体。在此,企业行为识别就构成了对企业形象及特征的直接表达。

对于不同行业、不同类型的企业而言,由于其行为的表现形态不同,人们对企业行为好坏判定的依据不同,所以行为识别在企业及管理中的作用,以及由此建立的与企业形象间的关系是有很大差异的。

从行业来看,工业企业(生产加工型企业),主要是为社会与市场提供实物产品,企业行为的表现一般不直接对外,所以企业行为的行业标

准与规范要求更多是体现在保证生产过程的完成与产品质量的稳定上
(图6－16)。因此,对工业企业(生产加工型)行为好坏的判断,一般是
间接地透过产品的质量体系给予评判。

图6－16

　　商业企业(服务提供型企业),以为市场和用户提供特定的服务为主,
企业行为的表现直接面对消费者。例如,商场的行为更多的是表现在有
效地推动产品的销售;银行的行为集中体现在服务的时间效率上,而民
航、旅游企业的行为更多反映在顾客对服务结果的认可上(图6－17)。由
于这些企业的基本行为是直接外露且有基本判断标准的,因此其行为的
表现与认可程度将直接构成消费群体对企业形象的判断。

图6－17

2. 即使是同一类型的企业，由于其行为表现的特殊性，市场群体对其行为的认同区域会有很大差异

这样一来也就导致了企业基本行为与形象塑造间的不同关系，这种差异性为企业在对行为管理中的重点提供了方向及要求。表 6－1 就是不同形态企业的行为建立与表达体系的有关特征及行为识别与形象塑造间的关系。

表 6－1 关系表

企业类型		市场与社会的行为认同领域	基本行为建立中的主要归属点	基本行为对企业形象的直接表达与关系
生产型企业	采掘型	生产数量、安全、环保	安全、环保、数量	间接、比较密切
	加工型	品质、质量、功能	效率、顺畅、稳定	间接、不够密切
	技术型	品质、领先性、先进性	开发、领先、创新	间接、比较密切
	开发型	创新、科研、引领、潮流	成果、贡献、发展	间接、不够密切
	基础型	数量、基础、增长、后劲	数量、科学、可持续	间接、不够密切
销售服务型企业	物流型	效率、手段、规模、人员	效率、手段、成本	直接、比较密切
	销售型	人员、态度、手段、表现	合理、规范、特色	直接、非常密切
	服务型	态度、手段、规范、人员	规范、档次、态度	直接、非常密切
	旅游型	态度、规范、素质、合理	规范、融洽、素质	直接、非常密切
	政府型	态度、质量、手段、效果	效果、质量、规范	直接、非常密切
	行业型	态度、手段、专业、效果	规范、专业、效果	直接、非常密切
	社会型	合理、手段、效果、效率	手段、人员、效果	直接、比较密切

由表 6－1 可以清晰看到，生产型企业的基本行为与形象塑造间的关系不是很密切，大多是一种间接塑造形态。但销售服务型企业的行为表现与企业形象塑造的关系是非常直接和密切的，所以对这种类型企业的行为规范就构成了视觉化管理的重要内容。

第七章

视觉传达中的企业文化构建

一、文化力是企业发展的重要动力

对 21 世纪的企业来说,什么是其发展的核心要素,我想答案应该是文化及由此构成的文化力。今天我们必须清醒地看到,没有文化的民族是没有希望的,而没有文化的企业注定是缺乏生机与发展动力的。文化在今天的企业中不仅是必备要素,更是不可或缺的资源;在未来的企业发展中,文化与文化力及由此生成的创新力,将成为企业生存与发展的主宰。因此,构筑企业文化、凝聚管理文化、铸就企业文化力已成为助力企业未来发展的重要支撑。

在企业文化构建与文化力的聚集中,企业视觉要素的各种形态及由此形成的企业视觉传达,将发挥重要作用并产生巨大推动力。我国著名企业文化学者陈春花说过:"播种一种观念,收获一种行为;播种一种行为,收获一种习惯;播种一种习惯,收获一种命运。"在此,观念也好、行为也罢,显然是受一种思维和意识的驱使,而思维与意识的形成在很大程度上又取决于文化的土壤,受制于文化力的约束。这里的文化既有传统文化的体系,又有现代文化的成分。所以,文化将会指导并制约我们的行为,文化对企业的渗透及由此而形成的特定企业文化体系,将对企业产生越来越重要的影响。培育企业文化及构建管理文化体系,已成为越来越多企业家的期盼和目标,而由文化而形成的企业发展动力与管理功效更为众多领导者所追求。

(一)文化的解析

"文化"一词源于拉丁文 Cultura,原意有耕作、培养、教育、发展和尊重的意思。在中国古代,文化是指"文治教化",文化是一个非常宽泛的概念范畴。英国早期文化研究学者泰勒认为:文化是个既定的概念,指的是习俗、民间传说、礼仪、风俗,而不是社会结构。我国学者普遍认为:文化是一个群体(可以是国家,也可以是民族、企业、家庭)在一定时期内形成的思想、理念、行为、风俗、习惯、代表人物及由这个群体整体意识所辐射出来的一切活动。文化是生存方式,并无高雅低俗之分,文化是对一种特定环境与生存状态的认同,文化是群体行为而非精英概念。

不难看到,文化是一种认同,是一种绝大多数人在思想、思维、观念上的趋同化。这种认同的内容不一定是最科学、最高雅的,但它一定是有实际效用且能引起大多数人共鸣的,是能够给多数人带来实际利益的。要看到,一旦这种认同与共鸣建立,一种文化便会产生,这种文化将会直接影响到人们的意识和思维,将会直接干预一种行为的形成与结果。文化是一种规范,从另一个角度看又是一种桎梏。文化的生成,即理念、行为、风俗、习惯等一旦铸成,它不仅会直接影响到行为体系,而且还会渗透到行为实施中的标准与规范性,而过分与僵硬地依从于习惯性的做法和准则,必将导致行为的僵化,形成无形的桎梏。同时,文化又是一种神韵,文化的形成在某种程度上可以产生一种超强的聚合力,这种力压不弯、打不垮,这种力在很多困难降临时,可以帮助我们战胜险阻,峰回路转。

(二)对企业文化的认识

企业文化(Corporate Culture)又称组织文化(Organizational Culture),是指企业成员在长期的相互作用和影响中所形成的生存与发展认同感,即所谓的共同价值观,包括共有的人生观、思想意识、价值观念、信念、期望、态度和行为准则等。企业文化是企业在生产经营中形成的文化观念、历史传统、共同价值观、道德规范、行为准则等企业的意识形态体系。文化就其内涵而言没有高低贵贱之分,文化的核心在于对一种价值观、思维意识、生活方式与发展观念等内容的认同与共识。文化所拥有的巨大作用,即它所具有的强大影响力,在于对人们行为的指导及构建起一种特定的行为准则。而一种文化体系一旦受到人们的广泛认可,它所形成的文化约束力是无比强大的,这种约束力甚至高于各种强制化的管理手段。我们可以把这种由文化认同而形成的行为约束力视为文化力或文化管理效应。企业进行文化建设,最主要的目的就是通过文化力来解决企业发展方向及管理中的各种问题。尽管企业管理理论和企业文化理论都追求管理效益,但前者为追求效益更多把管理者视为被动的管理客体,更为强调对行为的高约束力和强制性;而后者为追求效益则把文化概念自觉应用于企业,把具有丰富创造性的人作为管理中的主体,更多看重行为在文化认同下的自觉约束,强调用文化调动管理者的能动性与创新性。可见,企业文化建设的核心在于形成企业特有的文化力,企业文化建设之根本是形成企业价值观、精神与发展方向上的认同,其目的是用文化来规范行为,用文化形成企业员工的凝聚力和市场号召力,用文化力行使管理职能,产生一种强大的内部合力。由此可以看到,文化认同是构建企业文化力和文化体系的先决条件,而作为直接体现企业核心价值观、企业发展方向等内容的企业理念,以及直接表达这种理念的视觉要素与视觉传达,对一种特定文化的塑造与广泛传播有着直接推动。

(三)管理文化的含义

企业中的管理文化可以从两个角度来理解:其一是指在企业运行、发展与管理中,所奉行与坚守的理念、行为准则、价值观、伦理道德、习惯做法等。其二是指企业努力将已生成的社会文化体系移植与嫁接到自身的管理中,当然这种文化一定是被企业多数群体认同的,且能够推动企业发展的;企业由此文化的移植与嫁接而形成自身的一种独特的文化体系与特点表现,并努力使这种文化体系与市场形成对接,与消费群体形成共识。在企业中,基于上述努力和不懈追求而形成的文化体系,就是所谓的企业管理文化。管理文化在某种程度上也就是企业文化,有别之处是管理文化更加具体,更加生动,更加具有可执行性,且可在一个较短的时间里用一种有效的方式催生出来,并直接作用到企业的各项工作中。

企业管理文化的形成取决于经营者的追求、理念、社会价值观、文化修养、长期遵循的行为标准等因素。企业管理文化源自于企业的行业特征、产品特点、服务对象、目标市场群体等特定条件,受制于企业所生存的政治、经济、社会、文化等诸多环境要素。而管理文化的体现,则更是一个庞大、综合的系统。从理论上讲,任何构成企业社会与市场表现形态的要素,都可再现企业管理文化,如企业的产品、服务、人员、活动、品牌力等。

而企业视觉要素与视觉传达对管理文化的快速形成及有效推广,无疑起着非常重要的作用。

二、理念对企业精神与文化的构建

(一)理念与企业理念的解读

企业理念及理念体系对一种特有文化的形成及精神力的凝聚,可形成巨大与直接的推动。"理念"一词源于宗教,本意是指"信念的设立与目标的追求",而将这一概念引入到现实生活与企业生产中,它更多是指特定群体——企业或个人的思想与信念建立,以及受这种思想与信念支撑所产生的并在从事特定工作时的目标设定,方式、方法选择和一贯遵循的行为准则。

企业理念更多是指企业在从事生产经营活动中所追寻的信念和目标,以及在此基础上所产生的,并在生产经营活动中所体现的工作方式、基本风格和行为准则体系。企业理念是将企业行为人格化的过程,同时也是将企业活动性格化的过程,企业理念直接将企业精神、信念、思想、追求融入到企业的产品和行为中。这一过程将企业的基本行为与人的行为同质化,通过对人基本行为产生中的理念追求及体现过程,来剖析企业运行中理念要素的建立与表达问题。企业理念是企业思想与信念的一种综合反映。

理念带给了企业更多思想层面的内容,揭示了企业发展必须要有完整的思想体系和明确的目标体系。完整而明确的目标体系,不仅能为企业发展指明方向,更可直接再现企业的思想追求。这种思想追求与社会及时代的同步、有机结合,可使企业在市场中的主导地位及领先优势日趋显现。所以,理念要素的确立及在企业中的注入,是企业快速发展及优势地位建立的基础。理念强调了企业发展必须要有灵魂,必须要有明确的经营思想、经营意识、经营方针及行为准则。在此,企业理念及理念体系为企业经营活动的开展提供了具体方针、宗旨,并以此构建起了企业对外与对内的基本行为准则。这些宗旨的贯彻及在行为准则上的表现,可直接凝聚起企业精神,并彰显出企业特有的风格。理念为企业形象体系确定了发展的核心或中心,为企业形象塑造确立了目标,制定了标准。理念为形象塑造提供了两大保证:一是提供了形象机体整体化建立的保证;二是提供了形象个性化建立的保证。形象的个性化(差异化)是形成形象特征的根本,而个性化形象塑造更多源自于个性化诉求,这种诉求主要来自于企业理念的定位及追求的主体内容。

理念使企业的各种有形活动具备了更为明确的行动纲领,由此提升了企业的管理水平,同时也推动了社会文化的进步与文明程度的提高。企业理念的形成,往往既要考虑自身发展需要,又要兼顾时代特征与社会发展,因此这些理念多具有复合作用(图7-1)。从企业层面看,理念可直接起到激发员工干劲、自觉规范行为的作用;从社会层面看,依托理念所构建成的符合自身与社会发展的文化体系,不仅是推动企业发展的保证,更是提升社会文明的重要保证。

图7-1

(二)理念对企业三大体系的推动

理念可直接促成企业目标、精神与文化三大体系的形成。理念可直接形成企业的思想与目标体系。

1. 形成目标体系是理念的重要功能,同时也是企业塑造与强化理念的重要目的

从同仁堂的"同修仁德,济世养生"到中国银行的"创建国际一流大银行",从日本松下的"以产业报国为企业之魂"到我国长虹电子的"以产业报国为己任,以民族昌盛求发展",无一例外地都在确立着企业的经营思想与发展目标。理念在为企业确立发展方向的同时,也在向市场群体表达着形象追求,这种形象追求一旦获得了市场群体的认可,形成了共鸣,

企业就会由此获得很大的市场发展空间,就会置身于良好的发展环境中。

2. 理念可直接催生企业的精神体系

由此可以增强员工的企业归属感与荣誉感,从而产生出一种强大的企业凝聚力,以及一种超强的、无所畏惧的精神力。我国计划经济时期工业领域的红旗——大庆,就是靠着一种强大的精神力,在极其艰苦的条件下,用很短的时间打出了石油,支援了国家的建设。而这种精神力的来源正是大庆所倡导的"为国争光、独立自主、自力更生、讲究科学、胸怀全局、为国分忧的"核心价值观,这一价值观也正是企业理念的核心。毛泽东在《为人民服务》中提到:"中国人民正在受难,我们有责任解救他们,我们要努力奋斗。要奋斗就会有牺牲,死人的事是经常发生的。但是我们想到人民的利益,想到大多数人民的痛苦,我们为人民而死,就是死得其所。"毛泽东提出以"为人民服务"为宗旨,不仅明确了执政者的信念与目标,更强调共产党人要有为人民的利益勇于牺牲自我的精神,并深刻揭示了"摆正自身位置、强化服务意识、提高服务手段、改善人民生活"的服务意识与为民精神,是稳固与强化执政者根基的根本。

3. 由理念的贯彻及精神体系的弘扬可直接构建起企业特有的文化体系,即形成一种有高度凝聚力和感召力的企业文化形态

文化是一种巨大的驱动力,文化对行为有着直接的约束力和深刻的影响力;文化又有着巨大的感召力和聚合力,一种特有文化的形成,特别是适应时代发展的先进企业文化,不仅能够直接带动企业各种生产经营活动,而且还可通过企业文化的发展使社会文明程度不断提升。

大庆可以说是一个用理念铸就精神并延伸到文化的典范。在其发展历程中,不仅用理念铸就起了强大的精神体系,更由理念的渗透与精神的弘扬,形成了企业特有的文化品质,并由此产生了一种有巨大管理效应的文化力。这种文化力不仅构建了大庆人"拼搏、奉献、争先、务实、科学"的文化,更奠定了大庆人"自觉、自律、爱岗、敬业"的行为规范,而正是这种文化的形成,使员工的自觉性、自律度、责任心、岗位感大幅提高,由此不仅保持了经济效益的不断提高,而且直接带动了企业管理水平的大幅提升。

（三）理念对行为的深度影响

企业文化产生作用的一个重要前提,同时也是发挥作用的必要途径,就是要解决文化落地与生根的问题。在此,我们需要深刻解读理念对行为的影响问题。

1. 理念会直接影响到行为动机的产生

人们从事物质生产活动并由此产生的行为动机主要取决于需求因素和追求因素。需求因素所导致的行为动机更多体现在一些客观需求层面上,即劳动行为是生存所需,没有劳动则基本生存难以实现。追求因素不仅可构成行为产生的直接动因,而且还会对行为的结果与质量产生巨大影响。如果把由需求因素产生的行为动机看成是对一定劳动量的完成的话,那么由追求因素所产生的行为动机更多表现为在劳动量完成的前提下,劳动质量的提升与效果的提高。

2. 理念对行为构建的标准有巨大的影响

在理念促成一种行为动机产生的基础上,很大程度上也就设定了行为的标准,理念由此对行为会产生一种极大的支配与制约效应。当人们由物质需求而产生的行为完成以后,行为的延续及表现状态就更多受到思想与精神要素的支配。当然,在由物质需求而产生的行为表现上,思想与精神要素对行为也会有很大影响,同是在饥饿面前,有的人会不择手段,而有的人则坚守原则。所以,由行为人的思想、信念与目标追求所构建的理念体系,对行为人完成特定活动的标准产生着直接影响。因此,强化理念体系建设,在很大程度上会对行为起到规范效应,同时也会起到构建合理与高标准行为准则的效应,这些效应的产生与扩大必将带动工作质量的提高。

当年的大庆之所以能用文化力推动生产和管理,是其很好地解决了文化落地生根与开花结果问题,这是长期困扰我国企业文化建设的问题。理念也好,精神也罢,都属于思想与意识形态的领域,要使其具有实效,发挥出应有的作用,就必须做到两个转移:其一是从思想与意识层面向行为的规范化转移;其二是从精神层面向管理制度体系转移。第一个转移更为侧重人员行为的规范与标准化,第二个转移更多强调行为的自觉性与工作标准的提高。这种行为的规范化、自觉程度、标准性,既是一种企业文化特质的集中体现,又是以此塑造形象内涵的重要手段。

大庆曾经在不同的历史时期,针对不同的问题,推出了不同的理念,如"三老四严"的求实理念,即:对待革命事业,要"当老实人,说老实话,办老实事";对待工作,要有"严格的要求,严密的组织,严肃的态度,严明的纪律"。而对于理念,大庆采取了具体的方法在行为中予以实现,其做法主要有三个方面:第一,制定严格和明确的工作操作行为规范,使每位员工的行为进入到一种规范化和合理化的状态;第二,采用岗位练兵、同行比武的方式,不断提高员工的操作技能,强化员工的行为规范意识;第三,树立各领域、各行业的标杆典型,既为全体员工指明行为的努力方向,又让行为优秀者提升荣誉意识,以此激发学先进、争优秀、做典型的荣誉感和使命感。在此三大具体措施的推进下,大庆不仅整体地提升了企业操作水平、岗位责任意识和行为规范程度,更让理念要素得以贯彻,并通过员工行为的不断完善,使理念要素及企业精神进一步发扬光大,使文化力在企业中发挥出巨大的功效。

三、企业理念的形象化传达

(一)企业理念形象化传达的理论解析

所谓企业理念的形象化传达,就是以特定的方式、具体的物品或可见的行为进行有目的及针对性的表示。理念体系自身不能进行表现,必须借助一些有形与可见的表现方式,主要包括产品体系、基本行为体系以及视觉要素体系三个表达体系。三个表达体系由此构成了理念形象化表达的主体,并形成理念传达的三个通道,如图7-2所示:

在理念的三大传达体系中,产品与基本行为体系具有很高的表达与说服力,它对理念的传达是最生动和最有力的,但这种传达基本上是建立在实际感受及口碑式传播的基础上,所以传达的空间较小、实效较低,且

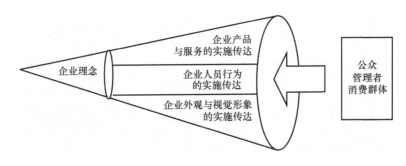

图 7-2

基本是一种被动性的传播形态,这对理念体系的广泛传播及企业文化的构建非常不利。理念的视觉化传达是一种非常主动的形态,主要是通过语言与视觉语言进行广泛传播。这种传播不仅可以充分利用各种传播媒介,采用各种推广手段,而且自身也可以建立起一种相对独立的传播体系,特别是视觉语言的传达,完全可以抛弃各种媒介形态,自成一种独立的传播平台。这个平台具有传播距离长、范围大、受众面广、信息接收容易等优势,所以不仅可以加速企业理念体系的扩展,对企业文化构建也会形成快速推动。

(二)企业理念的视觉化传达

理念的视觉化传达更多是指用一种可见、可悟、可接受的手段,具体、生动、直接及快速地传达企业理念的核心内容,以此形成企业富有特点的形象及文化内涵。视觉化传达主要有两种形态:其一是理念的文字式表现与传达,又称语言化传达,它将理念浓缩到一句精炼的语句或几个文字上,如"一切皆有可能"。其二是理念的图形化表现与传达,又称图形或符号化传达,是将理念的主体与主旨内容经过创意与设计后,转化成一种独特的图形形态,在图形中,借助丰富的图形与视觉语言,直观再现理念的核心。这一过程又称企业理念的图形化与视觉化的创意设计。

尽管文字式与图形化的传达形态各是一种相对独立的体系,但两者之间又是有着密切联系的。从理论上讲,文字式是图形化的设计前提,图形化又是文字式内容的直观、生动再现。两者关系,如图 7-3 所示:

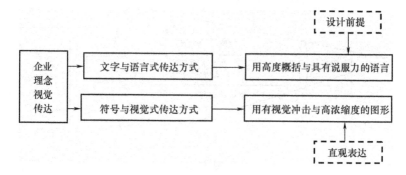

图 7 - 3

1. 理念的文字与语言式传达

这是指将理念的核心内容浓缩到一句精炼的语句中,用精辟的语句,在彰显理念核心内容的基础上传达企业文化诉求。为使理念有明确的目标指引力及更大的形象表现力,同时也为使理念能够形成有效的文化凝聚力,在企业理念的设计与提炼时,要特别注意理念文字与语言式传达中的三个基本要求。

其一是"准确",是指要用准确的文字与语言表达企业性质、特点、目标、精神、追求等具体内容,例如,"杜邦让化工使你的生活更加美好","飞利浦:精于心,简于形"。语意要明确、词句要贴切、词义要明朗,不能语意不清、概念模糊,杜绝含糊其辞、似是而非。

其二是"精炼",是指文字或语言要有高度的涵盖力,要尽可能做到"少一字不可,多一字无用",例如"感动常在","Just do it"。语句与词义要深入推敲。

其三是"亲和",这是理念能否被认可并接受的关键,空洞、空谈、乏味的文字和语言,以及口号式的大话是很难打动市场群体的,所以,理念的语言要具有更多的哲理,要有文化内涵,要通俗中带着底蕴,精妙中透着人文,例如"梦想启动未来","永不止步"。

在理念的文字与语言式传达中,广告语式的传达形态不仅可以实现理念体系的有效传播,而且可以使理念体系下的文化内涵快速形成。所以,在研究企业视觉传达中的文化体系构建时,对广告语的应用是必须深入研究的。

广告语又称为广告词，它有广义和狭义两种。广义的广告语是指通过各种传播媒体和招贴形式向公众介绍商品、服务等内容的一种宣传用语，主要包括广告的标题和正文两部分。狭义的广告语则单指广告全部内容的标题部分。广告语往往是一则广告的灵魂，是诱发受众兴趣的主要及前置因素，不仅可以揭示产品的主旨，而且可以诱发人们对产品的进一步关注，如："我的地盘听我的"（动感地带），"我就喜欢"（麦当劳）。同时标题还可将企业的追求一语道出，如："同耕耘、同成长，幸福收成同分享"（巴斯夫），"时刻创永恒"（劳力士）。

广告语作为一种语言传播形态，具有两个明显特性：一是信息传播的直接性，二是信息传播的跨时空性。如果仅有单一的画面传播，易造成信息指向不明确，受众很难对信息形成直接掌握和清晰理解，更不会对信息进行重复解读并传播。作为一种结构性较强的信息载体，广告语不仅可以使人直接对企业及产品产生记忆、形成思维，还可以使人把已接受的信息再次完整地传播出去。

由于文字和语言是理念的主体形态，所以广告语不仅构成了表现企业理念的有效载体，更是广泛传达理念诉求的重要手段，而理念传达又是企业整体形象塑造的核心，因此，广告语就成为了直接传达理念并由此构建企业文化的重要手段。

四、广告语传达下的企业文化构建

广告语的指向层面非常丰富，多数是指向具体的产品，由此说明产品的独特性能与特殊品质，如"味道好极了！"（雀巢咖啡），"多一些润滑，少一些摩擦"（统一润滑油），"邦迪坚信，没有愈合不了的伤口"（邦迪），等等。但也有很多广告语是指向其他层面，包括企业的目标追求，所处的行业位置，以及发展的理念。就针对企业理念的广告语而言，很多广告语的内容就是企业理念的内容，如中国联通的"情系中国结，联通四海心"和长虹电子的"以产业报国、以民族昌盛为己任"，基本上就是企业理念内容的直接再现。但有些广告语尽管语言内容与理念内容不同,但要表达的核心思想及企业发展的指向一定是相同的,如七匹狼男装的广告语"相信自己、相信伙伴"与企业理念"敢于拼搏、勇猛顽强、不懈追求、团结奋斗"的寓意及目标追求是完全一致的。丰田汽车的一则著名广告语是"车到山前必有路,有路必有丰田车",这与企业理念"以生产大众喜爱的汽车为目标"的主旨是完全吻合的。所以广告语不仅有企业理念倾诉与传达的功效,更会由此传达出企业的整体形象诉求,并起到一种文化体系的构建效应。

(一)广告语对构建企业文化的作用

广告语既是对企业文化的提炼、总结和诠释,又是对企业文化的诉求、表达和传播;既是一种特定文化生成的催化,又是一种文化认同下的行为规范及精神凝聚。广告语对企业特定文化的形成主要有三方面的推动。

1. 用广告语加快企业文化体系的形成

从广告语的理论层面来看,广告语不仅是一种产品的销售主张,还是企业发展方向与核心价值观的汇集。这种思想体系的汇集,通过精炼、准确与富有情感的语言表达,对一种文化的形成可以起到直接的推动效应,如:"当太阳升起的时候,我们的爱天长地久"是太阳神的主打广告语。它没有涉及更多产品特点与营销层面的内容,而是将"爱和天长地久"作为语言主体,这集中诠释了一种文化的诉求与营造,说明了企业把关爱社会和消费者,矢志不渝地做好产品,视为企业发展的主导,在此,广告语构成了对一种特定文化的催生效应。

2. 用广告语扩大文化的宣传及向多领域的渗透

企业文化的张力在于市场群体的广泛接受、理解与认同,而要做到这一切就必须做好两点:一是扩大传播领域,二是让市场群体能从语言上形成接受与理解。在此,广告语显示出了巨大的威力,广告语不仅具有范围广、空间大、手段多、受制约因素少的传播优势,而且语言可以直接对一种概念进行表达,这种语言形态的直接表达将会对一种文化特征起到直观体现的作用,如"佳能,感动常在"等著名广告语,都将广告语传达的主体内容放到了产品体系之外,其用意就是用广告语充分展示企业的追求与发展方向,并由此展现出企业对一种特质文化的诉求。

3. 用广告语激发员工的工作热情,形成企业特有的、由文化力而生成的强大凝聚力,由此对行为形成一种精神形态与自觉化的约束

文化更多是一种精神形态的体系。在企业中,文化作用的体现是人员行为在一种自觉状态下的自律化、规范化和有序化,以及使员工有高昂与饱满的工作热情。很多的广告语不仅是一种单纯的营销用语,而且是一种催生企业文化力与激发员工工作精神的战斗号角。毛泽东曾经说过:"多少一点困难怕什么。封锁吧,封锁十年八年,中国的一切问题都解决了。中国人死都不怕,还怕困难吗?"正是这句"中国人死都不怕,还怕困难吗?"为国人,特别是以大庆人和"铁人"为代表的中国工人注入了一种强大的发展理念。而正是这一理念及由此产生的强大的精神要素,不仅使当年的中国石油工业由此翻身,更使以"大庆精神"为象征的民族精神浩荡于长空。这一具有时代意义的宣言以及由此而生的"为国分忧、为民争气","有条件要上、没有条件创造条件也要上","宁可少活20年,拼命也要拿下大油田"等一批大庆人和中国工人的宣言,不仅直接塑造出了中国工人与大庆油田的高大形象,更奠定了大庆石油的文化基石,使企业文化快速形成,并以此成为企业管理的重要手段。

(二)企业文化构建中对广告语的应用

1. 广告语式的理念传达形态,在创意上要尽可能揭示理念的本质,表现出产品主导优势及与众不同之处

例如,佳能照相机的广告语"佳能,感动常在",不仅把品牌明确说明,更将企业所倡导的"精准、领先、高端"的发展理念及由此形成的管理思想以及产品的主体功能予以了尽情展示。这种展示对企业文化的构建不仅可以起到助推作用,而且还会通过市场群体对产品特质的独特感受,形成对企业文化的高度认可,这种认可又会产生一种监督效应,由此形成对企业文化体系的进一步强化。

2. 广告语的应用多是一种相对稳定的状态

如果广告语不时地换来换去，特别是经常做一些比较大的调整，极易造成受众信息接收混乱，从而导致形象认知错位。这种做法无论是对形象特质的表现，还是对独特文化的形成，都是非常不利的。例如：麦当劳和汉堡王同样经营快餐，汉堡王每隔一年就要变换一家广告公司，广告语也是一变再变，直接导致形象混乱。而麦当劳长期坚持"我就喜欢"这一充分表达个性的广告语，这种单一形态的广告语在电视、平面、网络、包装等各种广告宣传媒体上的频繁出现，不仅增强了受众的记忆，更由此形成了麦当劳追求品质与服务的特定文化。

3. 广告语在促使企业形象概念形成的同时，还可使品牌价值不断提升

广告语以其精炼与通俗的语言，在传递出理念与产品直观信息的同时，也向消费者传达出了自身的特定信息，从而使消费者对企业发展理念及产品价值有了更高的认同，这种认同使得商品在获得更高品牌力的基础上，取得了更多的市场回报。例如，"钻石恒久远，一颗永流传"（戴比尔斯钻石），"金利来——男人的世界！"（金利来集团），广告语在为企业表达追求，倾诉更多情感化内容的基础上，形成了很大的市场钟爱效应。这种钟爱，一方面是来自对产品的信任，而另一方面则来自于对企业品牌力的认同，来自于对一种特定品牌文化的喜爱。

4. 广告语在营造出企业形象特征的同时，又大大提升了员工的归属感及企业荣誉感

诸如，"海尔，中国造"（海尔），"传奇品质，百年张裕"（张裕酒业）"车到山前必有路，有路必有丰田车"（丰田汽车），这些广告语不仅诠释了产品特点与企业实力，更激发出了员工对企业的情感寄托，使员工的企业归属意识大为增强。这种归属感及荣誉感进一步强化了企业员工的责任感及进取精神，使得企业的文化力得以更大提升。

文化本身具有凝聚社会共识，保持社会认同，促进社会进步的功能。优秀的广告语既可准确地把握住受众的文化心理特征，并在广告语中充分提炼出来，又能进一步唤醒受众潜意识中共同的民族文化心理。当消费者的文化潜意识在广告语中被清晰传达出来时,内心深处的民族精神必然会被唤醒与强化,进而升华为一种强大的民族凝聚力,这种民族凝聚力在加强企业文化力作用的基础上,对社会进步无疑也会形成巨大推动。

五、利用视觉要素铸就企业管理文化

(一)企业视觉要素与管理文化构建

在企业理念的形象化传达中,通过企业视觉要素进行的视觉传达,不仅可以将理念通过视觉图形体系予以表现和传播,还可由此形成对企业特有文化的一种构建,特别是可形成对企业管理文化的直接推动。自CIS——企业视觉识别理论诞生以来,视觉要素的识别与传播作用受到了人们的高度重视,而在通过视觉要素形成企业特有文化品质、构筑企业管理文化方面,还比较欠缺,对此领域的理论研究也较为缺少。这种理论研究的滞后与应用的单一化,对我国企业通过文化建设提升形象、构筑品牌、强化实力、走向世界造成了很大制约。

管理文化在某种程度上是企业文化的核心内容,是企业文化本质特征的集中表现,是一种较为具体、生动、透彻的反映企业文化特征的形态。它在很大程度上既反映出了企业基于形象体系建设而形成的目标发展体系,又折射出了为实现这种目标的具体手段,以及具体的管理方式。

用企业视觉要素铸就管理文化的实质,就是通过视觉要素的表现与传达逐步形成管理文化的体系及核心内容。无论是用视觉要素构建企业的文化体系,还是使视觉要素具有更多的文化表现力,都是中外企业所追寻的,在这方面我国企业更有着成功的先例。

1. 同仁堂视觉要素的企业文化构建

在中华文化中,龙是至高无上的象征,两条飞龙代表着产品中蕴含的源远流长的中国医药文化,寓意了同仁堂"处方独特,选料上乘,工艺精湛,疗效显著,享有盛名"的文化品质。"同仁"的含义是崇尚仁德之精神。仁德本意为仁者爱人,即"恭谨、宽厚、信实、勤敏、慈惠",同仁堂深层的寓意是为社会多做贡献。所谓仁德精神就是对内修身、敬业、求人和,对外报效国家,奉献社会,济世养生是仁德的最高境界和目标。所以,同仁堂的视觉要素不仅用龙直接点名了企业"要发扬与传承中华医药文化的优良传统"的信念,而且用字强调了企业"要以提高人类健康水平和生命质量为己任,取信于民、造福人类"的发展方向。在此,企业视觉要素直接构建起了同仁堂"以爱国爱人之心,仁药仁术之本,取信于民,造福人类"的文化特质。这种凝聚在产品、服务、人员行为中的管理文化,正是同仁堂赖以持续发展的重要保证。

2. 王致和视觉要素的企业文化构建

图 7-4

北京的王致和是始建于康熙八年的老字号民族食品企业,其悠久的历史、京味的产品、精湛的技艺和诚实的信誉是品牌经久不衰的保证。在此,一个"平和中带有诚恳、平凡中带有力量"的极具中国特色的百姓脸谱视觉要素(图 7-4),不仅直接生动地传达了品牌概念,更将"诚信为民"的企业宗旨,"一流的企业、一流的产品、一流的服务、一流的效益"的发展目标,"诚信创业"的企业精神,予以了尽情展示。企业以一种独特的视觉要素表现,在构筑品牌内涵的基础上,直接构建出了企业深厚的管理文化。这种文化的核心就是"诚信为本、精湛为根,开拓进取,造福为民"。

而以同仁堂、王致和为代表的中华老字号的管理文化,不仅成就了自身的发展,更使其文化精髓在企业与社会层面得以广泛渗透,由此在很多领域构建起了我国企业的"讲诚守信、注品重质"的文化品质。这种品质不仅为企业发展提供了重要保证,对社会进步也起到了很大的正向推动作用。

3. 上海永久视觉要素的企业与地域文化构建

上海永久,一个具有时代意义的经典、一个具有代表性的品牌,应用

"永"和"久"字外形设计的视觉图形(图7-5),不仅再现了产品的内在特质,更表达了企业"精益求精,潜心做事,踏实无华"的文化内涵。不可否认,"永久"的文化品质与以"老凤祥"为代表的上海老字号的文化追求及文化辐射有着密切的关系。

图7-5

(二)视觉要素对企业管理文化的构建与推动

文化是一种无形的体系,管理文化的核心在于建立这一无形体系,并使之成为激发员工工作热情的动力,成为建立企业管理秩序的保障,成为拓展市场、提升竞争力的手段。所以,当一种管理文化在企业中被确定、认可、追求后,由此而形成的企业视觉要素,便直接构成了管理文化体系的符号,即视觉化的浓缩与表达。在此,视觉要素既是对管理文化的直观体现,又在很大程度上推进着管理文化的形成。1937年,日本一位医学博士在一家精机光研究所的基础上,创办了一个以生产精密仪器、照相器材、办公设备为主的企业,取名Canon——佳能。其名称的内涵是"盛典、规范、标准、精准",一种以追求上述内涵的管理文化随即诞生,以此管理文化为诉求的企业视觉要素也随之产生。企业视觉要素不仅直观再现了佳能的产品特点,更将其所奉行的管理文化不断渗透且日益强化。岁月流逝,时光荏苒,佳能所坚守的共生理念始终不变,所追寻的盛典、规范、标准的文化体系始终不移,所奉行的精准、领先、高端的管理文化思想将企业带入巅峰。今天的佳能品牌不仅成为很多人的购买首选,更成为一个行业的引领者。

企业视觉要素将管理文化及文化的核心内容,通过特定的视觉符号,直观、快速地传递给市场群体,形成了市场群体由对视觉要素的解读,直观感受到文化的特质及精髓,由对文化的认识与认可逐步演变为对企业的喜爱及对品牌的忠诚。Playboy——花花公子,是美国著名的服装品牌,其名称不仅彰显着独特的品牌特点,更被赋予了浓重的美国文化色彩。该品牌自20世纪50年代创办以来,以其个性化的品牌魅力及富有创造性

的文化内涵,在市场中闪耀,风靡世界各地。其极具创意元素的视觉要素(图7-6),更是强烈彰显出了独特的管理文化:一个简化后的兔子形象代表了时尚的花花公子,兔子的两个耳朵呈 V 字形,寓意胜利者和成功人士,象征着品牌是给那些有自信、有个性、勇于挑战的消费者;而通过兔子脖子上佩戴的领结可以明确知道,这个品牌的目标受众是白领人群。而由此视觉图形,我们更感受到企业"体现内敛性格、精彩男士人生"的使命

图7-6

追求,感受到企业坚持以消费者为中心,精心打造细节,引领时尚潮流,尽善尽美、永无止境的管理文化追求。

企业视觉要素在其创意设计,即形成过程中,都是在最大化地将企业的信息予以浓缩,而管理思想与文化内涵是浓缩的一个重要内容。所以,企业视觉要素构成了企业表现与传达文化体系的直观载体。这一载体又在很大程度上突破了地域、语言、文化等方面接受的局限性,因此,企业视觉要素不仅构建了一种文化,更可以将它快速地推广开来。

(三)用视觉要素铸就企业管理文化

文化在企业中的作用毋庸置疑,且随着社会与市场经济的发展,文化在企业乃至整个社会中的作用也将越发显著。所以,如何大力发展与不断提升企业文化体系,以文化促进企业全面发展,以文化推动企业各项事业,以文化提升品牌核心价值,以文化拓展企业市场规模,已成为企业必须重视和思考的问题。借由视觉要素推动形成企业文化的过程中,三个方面的问题必须予以足够重视。

1. 企业必须具有建立文化体系的主观意识,并要善于应用视觉要素予以整体表现

企业决策层必须在主观上、在深层的思想意识中,具有建立企业文化及构筑管理文化体系的强烈愿望,要把企业中的文化建设视为一项必须进行的工作,而非可有可无的事情。在文化,特别是管理文化的构筑中,要尽可能地通过各种有效、可行的方式予以呈现和实施,特别是要善于应

用视觉要素的表现形式,对管理文化进行塑造和传播。

始建于 1979 年的内蒙古鄂尔多斯羊绒集团,自始至终都高度重视企业文化,尤其是管理文化建设。在企业提出"鄂尔多斯羊绒衫,温暖全世界"的口号指导下,企业以"温暖、热情"为核心的管理文化日益形成并日趋强化。而以此文化所设计的企业视觉要素,也很好地表达了这一文化的核心内容,如图 7-7。在此,红色象征火焰,体现了企业奋发向上,富有强大的生命力和竞争力,也体现了全体员工始终以火一般的热情为每一位客户服务,让消费者感到鄂尔多斯羊绒衫在"温暖全世界"。视觉要素的上部代表山羊角,象征着企业是以山羊绒起家,以山羊绒为基础发展壮大,下部两个平行杠代表多种产业并存。视觉要素整体形象是以零为起点,表达了企业敢为人先、敢于突破、勇往直前的企业精神。而圆形环状形象又象征着企业追寻滚动发展的思维模式,没有完全闭合的形状表现出了企业寻求开放性的螺旋式上升,在大胆引进、吸收、开放的基础上前进的管理思想,同时表达了企业要走出国门、走向世界、创世界名牌的发展信念。

图 7-7

鄂尔多斯羊绒集团不仅建立与完善了管理文化体系,更将这一体系有机地融入到企业的各项生产活动中,使其文化有体、实施有据、开展有根、贯彻有效。管理文化又进一步推进了企业的经营,鄂尔多斯羊绒集团目前已成为全球最大的羊绒生产企业,其品牌价值已达 300 多亿元人民币,是目前中国第一服装品牌。

2. 企业视觉要素要尽可能与管理文化浑然一体,形成强势品牌效应

在此,重点要强调的是视觉要素所表现出的核心内容,应与企业管理文化所诉求的核心主旨保持一致,要尽可能使两者有机结合并浑然一体。

任何一种文化都包含着多种元素,而其中一定有其核心的主旨内容,所以当我们应用视觉要素表现及传达一种特定的管理文化时,一定要把这种文化的核心内容呈现出来,传达出去。

20世纪80年代,服装品牌"七匹狼"在闽南大地诞生。七代表了七位年轻侨眷的雄心壮志,七在闽南是一个吉祥数字,它象征着生命、活力和胜利,它代表了一个敢于战斗的集体。而"狼"则代表了企业所追寻的精神,表达了企业欲诉求的管理文化的核心内容。狼集智慧、机智、勇猛、团结于一身,它具有执著、敢于拼搏、勇猛顽强、不懈追求的精神,且狼敢于面对挑战,也勇于迎接挑战,狼还有着极强的团队作战意识。这些我们可以统称为狼的精神。七匹狼以此命名,就是要追寻一种狼的精神,构建一种以狼的精神为主旨的管理文化体系。这一文化的核心内容非常清晰、非常独特,同时也非常具有感召力和文化内涵。七匹狼以此文化定位而形成的视觉要素很好地表达了这一核心内容。

一只勇往直前、飞速奔跑的彪狼,昂首挺尾,四脚蓄势。图形整体呈流线形,充满动感,给人以勇往直前、奋勇前行,不达目的誓不罢休的直观感(图7-8)。墨绿的色调象征着企业充满青春活力,孕育着勃勃生机。七匹狼所倡导的是一种男人的文化,是一种敢于面对困难,迎接挑战,在挑战中生存,在挑战中发展的管理文化。它所追寻的文化体系在视觉要素中有着明确的呈现,正是这种文化内涵的视觉呈现使七匹狼企业飞速发展,使其品牌在国内外日渐知名。

图7-8

3. 视觉要素要尽显文化的独特内涵,形成管理文化的鲜明特征

一种文化只有被认可才能存活,而一种文化只有具备鲜明特点才能

形成快速识别并影响到接受群体。所以,文化既需要广博的共性,也需要鲜明的个性。拥有鲜明特点与个性化的管理文化,是企业快速进入市场并长久占据市场的有力武器。企业视觉要素不仅要努力与管理文化融合,更要将管理文化中独到之处及特长尽情展露,使管理文化的个性在市场和消费群体中充分展示,只有如此企业才能从个性的文化中获得更广泛的消费者,赢得更广大的发展空间。

耐克与阿迪达斯是体育用品领域中两个高端品牌,但它们的管理文化则有着各自鲜明的特点。

耐克是世界运动和健康产品的领导者,1962 年由田径教练比尔·鲍尔曼和运动员菲尔·奈特创办。前身是蓝带体育用品公司,后以希腊胜利女神耐克命名,并在 1972 年美国奥林匹克运动会选拔赛中初次亮相。其后,一名叫卡洛林·戴维森的学生设计了一个类似于飞动翅膀的 Swoosl 标志。Nike 在西方人眼里是吉利的象征,耐克商标象征着希腊胜利女神翅膀的羽毛,它代表着速度,同时也代表着动感和轻柔。这个对钩图案,造型简洁有力,急如闪电,一看就让人想到使用耐克体育用品后所产生的速度和爆发力(图 7 -9)。所以,在耐克的管理文化及由此而生成的品牌概念中,"领先、实力、高端、优势"是主体,以此而形成的视觉要素将之予以了

图 7 - 9

充分体现,由此建立了耐克领先、实力、高端的文化体系。

图 7 - 10

创办于 1984 年的 Adidas 历来是专业、高效、朴实的代名词。Adidas 最初一直使用被称为"胜利三条杠"的标志(图 7 - 10),寓意品牌的优质内涵和未来前景,从而令其视觉要素成为"更高、更快、更完善"的体现,并直接再现出了企业不断发展,勇攀高峰的雄心壮志。整体上看,图形呈三角形状,表示起跑器或运动鞋之意象,寓意"动中求稳、追求实力、稳步发展"的经营目标。

1996 年 Adidas 正式将三叶草的视觉要素(图 7 - 11)用于经典系列的

商品上。三叶草代表了奥运精神,也是运动员一直追求的目标——"更高、更快、更强",为体育的最高境界。三叶草的设计代表了一朵盛开的花朵,象征着阿迪达斯始终坚守的稳健、时尚、经典、前卫的文化路线,正是这一视觉要素的表现及由此构建的文化体系,使阿迪达斯在深得富有想象力的年轻人青睐的基础上,品牌力大幅提升。

图 7-11

由上述分析我们可以预见,伴随着 21 世纪知识经济的曙光,文化及以文化为依托的创新能力将成为企业成长与发展的核心,企业文化建设及特定管理文化体系的培育,也日益成为未来企业管理的重要内容。

参考文献

[1]道格拉斯·霍尔特,道格拉斯·卡梅隆. 文化战略[M]. 北京:商务印书馆,2013.

[2]李毅. 视觉传达中的企业形象设计[M]. 北京:机械工业出版社,2012.

[3]吴靖. 文化现代性的视觉表达[M]. 北京:北京大学出版社,机械工业出版社,2012.

[4]刘光明,孙孝文. 新编企业文化案例[M]. 北京:经济管理出版社,2011.

[5]陈春花. 从理念到行为习惯[M]. 北京:机械工业出版社,2011.

[6]母晓文. 视觉传达与应用[M]. 北京:首都经济贸易大学出版社,2011.

[7]代福平. 标志设计文化论[M]. 北京:清华大学出版社,2011.

[8]纪向宏. 标志与企业形象设计[M]. 北京:清华大学出版社,2011.

[9]刘汀,刘超英. 世界500强企业标志的创意与设计[M]. 北京:中国水利水电出版社,2011.

[10]金容淑. 设计中的色彩心理学[M]. 北京:人民邮电出版社,2011.

[11]徐艳芳. 色彩管理原理与应用[M]. 北京:印刷工业出版社,2011.

[12]王涛鹏. 色彩构成及应用[M]. 北京:清华大学出版社,2010.

[13]刘光明. 企业文化史[M]. 北京:经济管理出版社,2010.

[14]金元浦. 文化创意产业概论[M]. 北京:高等教育出版社,2010.

[15]史墨,倪春洪. 标志与企业形象设计[M]. 沈阳:辽宁科学技术

出版社,2010.

[16]余明阳,杨芳平．品牌学教程[M]．上海:复旦大学出版社,2009.

[17]严晨,严渝仲．企业视觉形象设计[M]．沈阳:辽宁美术出版社,2008.

[18]张德,吴剑平．企业文化与CI策划[M]．北京:清华大学出版社,2008.

[19][英]弗雷德·英格利斯．文化[M]．南京:南京大学出版社,2008.

[20]肖恩·亚当斯．色彩应用[M]．北京:中国青年出版社,2007.

[21]万后芬,周建设．品牌管理[M]．北京:清华大学出版社,2006.

[22]王迎．世界经典VI设计100例[M]．南京:东南大学出版社,2004.

[23]张德,吴剑平．企业文化与CI策划[M]．北京:清华大学出版社,2000.

[24]谢春荣．广告语制造修辞幻象的比喻手段[J]．东华理工学院学报:社会科学版,2006(4).

[25]蒋建国．建立健全现代文化市场体系[J]．求是,2013(24).

[26]刘芳．电视广告中的听觉要素[J]．当代传播,2007(4).

[27]杜伟．企业形象塑造中存在的问题及对策分析[J]．商业研究,2010(12).

[28]焦莉燕．"老字号"企业现状分析[J]．中国经贸导刊,2004(20).

[29]周志红．我国企业品牌延伸战略研究[J]．现代商贸工业,2009(12).

[30]肖君君．中华老字号品牌管理探析[J]．现代商业贸易,2010(16).